U0638601

民法典

百姓普法读本

书配APP版

《民法典百姓普法读本（书配APP版）》编写组◎编

中国出版集团 | 全国百佳图书
中国民主法制出版社 | 出版单位

图书在版编目（CIP）数据

民法典百姓普法读本：书配APP版 / 《民法典百姓普法读本：书配APP版》编写组编 . -- 北京：中国民主法制出版社，2020.6

（百姓法治宝典系列丛书）

ISBN 978-7-5162-2247-8

Ⅰ . ①民… Ⅱ . ①民… Ⅲ . ①民法－法典－中国－通俗读物
Ⅳ . ① D923-49

中国版本图书馆 CIP 数据核字（2020）第 107134 号

责任编辑 / 修文龙
装帧设计 / 郑文娟

书　　名 / 民法典百姓普法读本（书配APP版）
作　　者 / 《民法典百姓普法读本（书配APP版）》编写组

出版 · 发行 / 中国民主法制出版社
社　　址 / 北京市丰台区右安门外玉林里 7 号（100069）
电　　话 / 010-62155988　62167260
传　　真 / 010-62167260
经　　销 / 新华书店
开　　本 / 787mm×1040mm　1/32
印　　张 / 6
字　　数 / 90 千字
版　　本 / 2020 年 7 月第 1 版　　2020 年 7 月第 1 次印刷
印　　刷 / 涿州市京南印刷厂
书　　号 / ISBN 978-7-5162-2247-8
定　　价 / 20.00 元
出 版 声 明 / 版权所有，侵权必究。

前　　言

　　编纂民法典是党的十八届四中全会确定的一项重大政治任务和立法任务，是以习近平同志为核心的党中央作出的重大法治建设部署。民法典被称为"社会生活百科全书"，是民事权利的宣言书和保障书。本着"把法律交给人民"的初心，为人民群众学习掌握民法典提供导引，我们精心编写了这本《民法典百姓普法读本》，并制作了配套的 APP。

　　本书是"百姓法治宝典"系列丛书之一，由图书和 APP 两部分组成。图书按照民法典的体例分七编，每编皆直面百姓生活中遇到的实际法律问题，并提出解决路径。书中配有大量漫画，图文并茂、形象生动，既是图书文字内容的扩容，又增添了图书的趣味性。读者扫描图书封面二维码，可以下载安装"百姓法治宝典"或"民法通"APP。遇到相关问题，打开 APP，对准书中漫画"扫一扫"，即可浏览法律问答，查询法律法规，了解相关案例，下载文书范本，观看专家讲座，欣赏普法漫画。全书视听一体，通俗易懂、相映成趣。

　　维护人民权益，不断增加人民群众的获得感、幸福感和安全感，是时代的声音、人民的期盼。衷心希望《民法典百姓普法读本》的出版及配套 APP 的应用，能为保障人民权益、增进人民福祉作出应有的贡献。

本书编写组

2020 年 6 月

本书编委会

顾　　问：张苏军

主　　任：莫纪宏

委　　员：陈百顺　宋玉珍

编撰人员：胡俊平　陈　娟　郝志新

　　　　　罗　卉　龚　燕　黄筱婷

　　　　　宋建伟　浦宝婧　刘东迎

　　　　　段继鹏　刘　丹　杨　文

目　录

▶ 第四部分　人格权编

▶ 第五部分　婚姻家庭编

▶ 第六部分　继承编

▶ 第七部分　侵权责任编

第 一 部 分

总 则 编

|第一章| 健康成长

 01　民法典的基本原则有哪些？

平等　自愿　公平　诚信　守法　公序良俗　绿色　……

 02　妈妈肚子里的胎儿究竟有没有继承权？

涉及遗产继承等胎儿利益保护的，胎儿被视为具有民事权利能力；但如果胎儿娩出时为死体的，其民事权利能力则自始不存在。

遗产分割时，应当保留胎儿的继承份额。胎儿的财产权利待其娩出后，根据下列不同情况会发生相应变化。

更多内容扫图检索

（1）如果胎儿娩出时是活体，则该保留份额为该婴儿所有，可由其母亲代为保管。

（2）如果胎儿出生后不久即死亡，则该保留份额为该婴儿所有，但应由该死婴的法定继承人按法定继承处理。

（3）如果胎儿娩出时即为死体，则其民事权利能力自始不存在，则该保留的份额按照法定继承办理。

 03　10岁的"熊孩子"给主播巨额打赏，父母能追回吗？

8周岁以上的未成年人为限制民事行为能力人，实施民事法律行为由其法定代理人代理或者经其法定代理人同意、追认；但该年龄段独立实施纯获利益的民事法律行为或者与其年龄、智力相适应的民事法律行为。

8周岁以上的未成年人，除了可以实施纯获利益的民事法律行为或者与其年龄、智力相适应的民事法律行为外，其他民事法律行为需由监护人代为实施或者经监护人同意、追认，才能有效。因此，10岁的"熊孩子"给主播巨额打赏，父母可以追回。

 04　6岁的孩子乱买东西算不算数？

不满8周岁的未成年人为无民事行为能力人，由其法定代理人代理实施民事法律行为。6岁的孩子是无民事行为能力人，乱买东西不算数。

 05　殴打自己的孩子是家务事吗？

监护人有下列情形之一的，人民法院根据有关个人或者组织的申请，撤销其监护人资格，安排必要的临时监护措施，并按照最有利于被监护人的原则依法指定监护人：

（1）实施严重损害被监护人身心健康的行为；

（2）怠于履行监护职责，或者无法履行监护职责并且拒绝将监护职责部分或者全部委托给他人，导致被监护人处于危困状态；

更多内容扫图检索

（3）实施严重侵害被监护人合法权益的其他行为。

上述规定所指的有关个人、组织包括：其他依法具有监护资格的人，居民委员会、村民委员会、学校、医疗机构、妇女联合会、残疾人联合会、未成年人保护组织、依法设立的老年人组织、民政部门等。

以上规定的个人和民政部门以外的组织未及时向人民法院申请撤销监护人资格的，民政部门应当向人民法院申请。

殴打自己的孩子，经查明达到了严重损害孩子身心健康的程度，上述有关个人和组织有权提出撤销监护人资格的申请。

 06　被撤销监护人资格就什么都不用管了吗？

不是。父母、子女、配偶等被人民法院撤销监护人资格后，应当继续履行相关的法定义务，包括依法负担被监护人的抚养费、赡养费、扶养费等。

07　**因为疫情封城，孩子无人照管，怎么办？**

因发生突发事件等紧急情况，监护人暂时无法履行监护职责，被监护人的生活处于无人照料状态的，被监护人住所地的居民委员会、村民委员会或者民政部门应当为被监护人安排必要的临时生活照料措施。

更多内容扫图检索

因为疫情封城属于突发事件，孩子无人照管，可以找住所地的居民委员会、村民委员会或者民政部门安排必要的临时生活照料措施。

 08　**未成年人享有知识产权吗？**

民事主体依法享有知识产权。知识产权是权利人依法就下列客体享有的专有的权利：

未成年人作为民事主体，享有知识产权。

法律规定的其他客体　植物新品种　作品　集成电路布图设计　发明、实用新型、外观设计　商业秘密　商标　地理标志

09　未成年时遭性侵，成年后还能起诉吗？

　　未成年人遭受性侵害的损害赔偿请求权的诉讼时效期间，自受害人年满 18 周岁之日起计算。未成年时遭性侵，18 周岁后仍能起诉。

以案释法

胎儿享有抚养费请求权吗？

　　杨某驾驶小货车经二级公路向某市方向行驶，当行至该公路3km+200m处会车时，由于对前方路面情况观察不够，将前方同向行走的赶猪人王某撞倒，后王某经抢救无效死亡。市公安局交通警察支队二大队认定，杨某负此次事故的主要责任。在商议杨某交通肇事应承担的民事赔偿责任时，王某的父母请求杨某赔偿"未出生胎儿的抚养费"。杨某得知王某与牟某自由恋爱并同居生活多年，但尚未领取结婚证，王某死亡时，牟某已经怀胎3个月。他认为，王某至死未婚，没有妻子，且小孩尚未出生，无法断定其与王某的关系，故拒绝赔偿该项抚养费。

更多内容扫图检索

案例点睛

　　民法典对胎儿的民事权利能力的保护情形，作出有"遗产继承、接受赠与"的利益保护规定，并以"等"作了不完全列举。因此，按照保护胎儿利益的原则，可以获得的胎儿利益除了明确列举的遗产继承、接受赠与外，还应当包括人身利益。本案例中，王某虽然未与牟某领取结婚证，牟某的胎儿生下后属于非婚生子女，但非婚生子女享有同婚生子女同等的权利。具体到本案例中，案件可以中止审理，待胎儿娩出后，再继续审理，如是活体，则可要求支付抚养费，如是死体则没有相应权利。出生后的婴儿，对于怀孕期间自身或父母受到的损害，则认可其享有独立的损害赔偿请求权或抚养费请求权。其损害赔偿请求权或抚养费请求权应当待出生后，由婴儿本人享有并行使，但在其不具备民事行为能力时，其损害赔偿请求权或抚养费请求权由监护人代为行使。

 **小孩门牙受伤，18岁后才能修复，
如何讨要医疗费？**

　　刘某的儿子在学校被两名小孩推倒，磕掉了1颗门牙，另外3颗门牙有松动。医生说要18岁后才能实行医疗修复，对方家长只愿意赔1颗门牙的医疗费，其他3颗牙齿的医疗费不同意赔偿。刘某想提起诉讼。此案的诉讼时效是多长？后续治疗的费用能否要求对方先行支付？

 案例点睛

　　在我国，向人民法院请求保护民事权利的诉讼时效期间为 3 年。诉讼时效期间自权利人知道或者应当知道权利受到损害以及义务人之日起计算。法律另有规定的，依照其规定。但是，自权利受到损害之日起超过 20 年的，人民法院不予保护；有特殊情况的，人民法院可以根据权利人的申请决定延长。刘某儿子牙齿受损，属于人身伤害，因此刘某要求赔偿的诉讼时效为 3 年，自知道权利受到损害以及义务人之日起计算。同时，根据《最高人民法院关于审理人身损害赔偿案件适用法律若干问题的解释》中的规定，刘某儿子的后续治疗费，可以待实际发生后由刘某另行起诉。对于根据医疗证明或者鉴定结论确定必然发生的费用，刘某可以与已经发生的医疗费一并要求赔偿。

　　在实践中，损害发生后，当事人可以协商赔偿费用的支付方式。协商不一致的，赔偿费用应当一次性支付；一次性支付有困难的，可以分期支付，但是被侵权人有权请求提供相应的担保。

……更多内容，请下载百姓法治宝典 APP 或民法通 APP 阅读

|第二章| 成家立业

 01 网络游戏账号、装备被盗，怎么办？

法律对数据、网络虚拟财产的保护有规定的，依照其规定。

民法典明确提出对数据、网络虚拟财产保护，为法院审理网络虚拟财产纠纷案件提供了法律依据。虽然丢失的虚拟装备是无形的，且存在于特殊的网络游戏环境中，但并不影响虚拟物品作为无形财产的一种，应该获得法律上的适当评价和救济。

更多内容扫图检索

 02 个人信息受法律保护吗？

自然人的个人信息受法律保护。任何组织或者个人需要获取他人个人信息的，应当依法取得并确保信息安全，不得非法收集、使用、加工、传输他人个人信息，不得非法买卖、提供或者公开他人个人信息。

 03 紧急救助造成受助人损害，救助人需承担民事责任吗？

因自愿实施紧急救助行为造成受助人损害的，救助人不承担民事责任。

04   因见义勇为造成自己损害，怎么办？

更多内容扫图检索

因保护他人民事权益使自己受到损害的，由侵权人承担民事责任，受益人可以给予适当补偿。没有侵权人、侵权人逃逸或者无力承担民事责任，受害人请求补偿的，受益人应当给予适当补偿。

 05   居委会可以成为民事主体吗？

居民委员会具有基层群众性自治组织法人资格，可以从事为履行职能所需要的民事活动。

 06   村民委员会可以直播卖特产吗？

可以。村民委员会具有基层群众性自治组织法人资格，可以从事为履行职能所需要的民事活动。未设立村集体经济组织的，村民委员会可以依法代行村集体经济组织的职能。

 07   非法人组织能以自己的名义从事民事活动吗？

非法人组织是不具有法人资格，但是能够依法以自己的名义从事民事活动的组织。非法人组织包括个人独资企业、合伙企业、不具有法人资格的专业服务机构等。

08 入职提供假文凭，公司可以辞退吗？

购买、使用假文凭者通过弄虚作假的方式获取就业机会或利益，违反了诚实信用原则，是一种欺诈行为。一方以欺诈手段，使对方在违背真实意思的情况下实施的民事法律行为，受欺诈方有权请求人民法院或者仲裁机构予以撤销。劳动者用假文凭获取了就业机会，用人单位发现后，有权辞退。

学历、身份造假，你被开除了！

更多内容扫图检索

 09 向红十字会捐钱，可以查询钱的流向吗？

捐助人有权向捐助法人查询捐助财产的使用、管理情况，并提出意见和建议，捐助法人应当及时、如实答复。捐助法人的决策机构、执行机构或者法定代表人作出决定的程序违反法律、行政法规、法人章程，或者决定内容违反法人章程的，捐助人等利害关系人或者主管机关可以请求人民法院撤销该决定。但是，捐助法人依据该决定与善意相对人形成的民事法律关系不受影响。公民向红十字会捐钱，有权向红十字会查询钱款使用情况，并提出意见和建议，红十字会应当及时、如实答复。

 10 借给同事的钱4年后还能要回来吗？

向人民法院请求保护民事权利的诉讼时效期间为 3 年。法律另有规定的，依照其规定。

有下列情形之一的，诉讼时效中断，从中断、有关程序终结时起，诉讼时效期间重新计算：

（1）权利人向义务人提出履行请求；

（2）义务人同意履行义务；

（3）权利人提起诉讼或者申请仲裁；

（4）与提起诉讼或者申请仲裁具有同等效力的其他情形。

借给同事的钱 4 年后能不能要回来，要看这 3 年诉讼时效期间内，权利人有没有引起上述诉讼时效中断的行为。如果有，则可以起诉同事还款，人民法院予以保护。

 以案释法

 见义勇为致害担责吗？

马某酒后驾车逆向行驶，在马路转弯处与对面张某驶来的车辆相撞。撞车之后，马某又发动车辆，准备逃逸。一旁停车休息的出租车司机姚某目睹了全过程，在查看

站住！

更多内容扫图检索

确认张某受伤不重后，回到出租车上驾车追赶马某。张某看到马某已经驾车驶出一段距离，也发动车辆准备追赶。正当姚某加速时，张某的车辆突然蹿出来，姚某来不及刹车，撞上张某的车辆，导致张某额头受伤，张某的车辆严重变形。事后，张某向公安机关报案，马某被抓获归案。另外，张某认为，姚某驾车将其撞伤，并撞坏其车辆，因此要求姚某赔偿医疗费、车辆维修费共计70962.5元。姚某表示很委屈，他是见义勇为，是在做好事，不应该赔偿，并且指出自己因出租车受到损害而被出租车公司罚款，自己的损失又该由谁来赔偿。

 案例点睛 ▶

　　"见义勇为不担责"是法律之手对正义的匡扶。我们既不能让"英雄流血又流泪"，也应减少"好心办坏事"的尴尬。民法典规定，因自愿实施紧急救助行为造成受助人损害的，救助人不承担民事责任。因此，张某要求姚某赔偿其医疗费和车辆维修费于法无据。而就姚某的损失来说，因保护他人民事权益使自己受到损害的，由侵权人承担民事责任，受益人可以给予适当补偿。综合本案来看，由于张某受到的损失也较大，因此基于公平原则，其可以少给予或不给予姚某补偿。

自然人的个人信息受法律保护吗？

郭某（男）与周某（女）系同一单位的职工。因工作上发生争执，郭某企图报复周某。郭某以女性身份申请了个昵称为"亲亲女生"的QQ号码，并将该号码的个人资料信息改写成周某的真实姓名、年龄及住址。之后，郭某通过该QQ号码搜索添加多名好友聊天，聊天内容露骨，并将周某的工作单位、电话号码等信息告知网友。1个月间，周某接到多名网友的电话，要求与其成为男女朋友，甚至有多人直接到周某的工作单位寻找周某。周某不堪其扰，向当地派出所报警。周某向人民法院提起诉讼，要求郭某承担责任。

更多内容扫图检索

　案例点睛 ▶

随着互联网应用的发展，越来越多的年轻人倾向于通过QQ、微信等网络聊天工具交流。但是在网络通信过程中，一方很难判断对方的真实身份。一些不法分子正是利用网络通信的这一特点泄露他人信息、实施违法犯罪行为。近年来，因个人信息泄露而遭受人身、财产损害的案例并不鲜见，为了加强对公民个人信息的保护，根据民法典的规定，自然人的个人信息受法律保护。任何组织或者个人不得非法使用、传输他人个人信息，不得非法提供或者公开他人个人信息。本案中，郭某非法使用周某的姓名、年龄和住址冒充周某与网友聊天，并非法将周某的电话号码、工作单位告知网友，违反了法律的禁止性规定。自然人的个人信息被他人非法使用、传输、提供或者公开的，可以以人格权被侵害为由主张侵权人承担相应的民事责任。

 请求排除妨碍受诉讼时效的限制吗?

某村的汪某和邰某两家是邻居，由于邰某和妻子经常到外地做生意，多年来两家人没有过多交流。后来，汪某把自家的房子推倒重建，将水泥、砖头等建筑材料堆在两家门前。邰某妻子认为汪某家的建筑材料挡住了其开

更多内容扫图检索

车的道路，开车出去要绕远路，因此想找汪某谈一谈。邰某怕引起不必要的矛盾，便劝妻子再忍忍，等到汪某把房子修好就不用绕路了。汪某把房子修好之后，仍有一些建材堆在门前，并没有处理。由于生意忙，邰某和妻子很少回家，也无暇与汪某协商让其清理门前堆放的建材。几年后，当邰某回到村里时，发现汪某居然把两家门前仅剩的空地圈起来养鸡，只留了宽度仅容一人步行通过的小路。

邰某怒火中烧，找到汪某要求其撤掉养鸡场，并且将堆在自家门前的建材清理干净。几个月之后，汪某仍然没有任何动作，邰某遂向人民法院提起诉讼，请求法院判令汪某清理其门前的建材并撤掉养鸡场。庭审中，汪某辩称邰某及其妻子经常不在家，自己在门前空地养鸡妨碍不到邰某一家的出行；至于门前堆放的建材，已经过去几年了，邰某一直未提出过清理的要求，其请求权已经过了诉讼时效期间，请求法院驳回邰某的诉请。

 案例点睛 ▶

　　民法典对不适用诉讼时效的请求权作出了规定，下列请求权不适用诉讼时效的规定：（1）请求停止侵害、排除妨碍、消除危险；（2）不动产物权和登记的动产物权的权利人请求返还财产；（3）请求支付抚养费、赡养费或者扶养费；（4）依法不适用诉讼时效的其他请求权。民法典中规定，排除妨碍请求权不适用诉讼时效的规定。本案中，虽然已经过了几年时间，但邰某仍然有权随时要求汪某排除妨碍。

……更多内容，请下载百姓法治宝典 APP 或民法通 APP 阅读

|第三章| 安度晚年

 01 **老年人立遗嘱需要子女签字同意吗？**

民事主体按照自己的意愿依法行使民事权利，不受干涉。立遗嘱是单方行为，无需他人的意思表示即可成立。老年人立遗嘱不需要子女签字同意。

 02 **老人要"带孙费"合理吗？**

没有法定的或者约定的义务，为避免他人利益受损失而进行管理的人，有权请求受益人偿还由此支出的必要费用。父母对未成年子女负有抚养、教育和保护的义务。在父母有抚养能力的情况下，小孩的祖父母或外祖父母对自己的孙子女或外孙

更多内容扫图检索

子女并没有法定抚养教育义务。老人照看孩子，替孩子父母代为抚养且支付了必要的抚养费，有权要求孩子父母给予"带孙费"。

 03 **"银发同居""搭伴养老"受法律保护吗？**

"银发同居""搭伴养老"属于非婚同居，非婚同居有时会形成事实婚姻，但我国法律不承认事实婚姻，所以非婚同居不受法律保护。

04　儿女"常回家看看"是法定义务吗？

成年子女对父母负有赡养、扶助和保护的义务。"常回家看看"有利于老人的身心健康，也有利于继承和发扬中华民族传统的孝道精神。

更多内容扫图检索

以案释法

成年子女对父母有怎样的赡养义务？

更多内容扫图检索

张某患脑充血做开颅手术，后被评定为一级残疾。张某无法正常行走，生活不能自理。张某多次打电话要求两个女儿李某甲、李某乙将其送往医院治疗，均遭到拒绝。此外，张某的财产一直由两个女儿代管，自己无法自由支配。张某为维护自身权益，以李某甲、李某乙为被告向区人民法院提起诉讼，请求法院判决二被告每人每月支付赡养费2500元。庭审过程中，被告李某甲、李某乙同意支付赡养费，但辩称：原告要求的赡养费过高，就目前消费水平和生活标准，二被告最多每人每月承担赡养费750元。区人民法院认为，赡养老人是子女应尽的法定义务。现原告因肢体残疾被评定为一级残疾，不能独立生活，故原告要求二被告给付赡养费理由成立，应予支持。就赡养费的金额，根据目前原告的生活现状以及二被告的收入，酌定由二被告每人每月支付原告赡养费1000元。敬老是中华民族的传统美德，也是子女应尽的义务。二被告应在工作之余，多与原告相处、沟通，使原告心情愉悦，在经济条件允许的情况下，为原告提供更加舒适的生活、居住环境。

 案例点睛

　　赡养父母不仅是中华民族的传统美德，也是法律要求公民应当履行的义务。履行赡养义务的方式多种多样，不仅包括支付赡养费，还包括精神上的安慰、生活上的照料、日常陪伴等。因此，经济困难的成年子女不能以家庭贫困等为由拒绝履行赡养义务，应当根据实际情况以其他方式履行赡养义务。民法典强调"成年子女对父母负有赡养、扶助和保护的义务"，强化了成年子女的赡养义务，为父母要求子女履行赡养义务又添加了一层法律保障。

订立遗嘱要保护弱者权益吗？

李某无夫无子，25年前收养了郭某，含辛茹苦将郭某抚养成人。郭某成家有了儿子，此时李某已70岁高龄，无经济来源。郭某某日外出发生意外，临终前立下遗嘱，将个人全部财产归其子继承。李某在大家的帮助下，向法院提起诉讼，要求重新分割郭某的遗产。

我希望重新分割遗产。

更多内容扫图检索

 案例点睛

近些年来因遗产处分而引起的矛盾纠纷层出不穷，遗嘱自由权利的滥用现象越来越普遍，同时一些利用遗嘱自由侵犯弱者权利的问题也慢慢暴露出来，引起了人们的关注。公民对自身合法私有财产的处分不仅仅是单纯的个人行为，还与维持家庭和谐、体现社会公平正义紧密联系在一起。民法典规定，自然人依法享有继承权。自然人合法的私有财产，可以依法继承。遗嘱应当为缺乏劳动能力又没有生活来源的继承人保留必要的遗产份额。案例中，郭某的遗嘱应当为李某保留必要的财产份额，为其老年生活提供一定程度的保障。

……更多内容，请下载百姓法治宝典 APP 或民法通 APP 阅读

第二部分

物权编

|第一章| 住宅小区

 01　小区贴广告谁说了算？

建设单位、物业服务企业或者其他
管理人等利用业主的共有部分产生的
收入，在扣除合理成本之后，属于业
主共有。另外，民法典还规定，改变
共有部分的用途或者利用共有部分从

更多内容扫图检索

事经营活动由业主共同决定，应当经参与表决专有部分面积 3/4
以上的业主且参与表决人数 3/4 以上的业主同意。

因此，小区物业利用小区公告栏或电梯张贴广告的行为不仅
需要由业主共同决定，且该广告收入在扣除合理成本之后属于业
主共有。

 02　会议决定对没有参加业主大会的业主有效吗？

有效。业主大会或者业主委员会的决定，对业主具
有法律约束力。

 03　对自己的房子进行装修，他人有权干涉吗？

业主行使权利不得危及建筑物的安全，不得损害其他业主的

合法权益。对自己的房子进行装修，如果损害其他业主的权益，其他业主有权干涉。

 04　小区的车位、车库归谁？

（1）建筑区划内，规划用于停放汽车的车位、车库的归属，由当事人通过出售、附赠或者出租等方式约定；

（2）占用业主共有的道路或者其他场地用于停放汽车的车位，属于业主共有；

（3）建筑区划内，规划用于停放汽车的车位、车库应当首先满足业主的需要。

 05　小区建筑物及其附属设施的维修资金归谁所有？

建筑物及其附属设施的维修资金，属于业主共有。建筑物及其附属设施的维修资金的筹集、使用情况应当定期公布。

 06　紧急情况下需要维修建筑物及其附属设施，怎么办？

紧急情况下需要维修建筑物及其附属设施的，业主大会或者业主委员会可以依法申请使用建筑物及其附属设施的维修资金。

更多内容扫图检索

07　小区维修资金可以用于哪些地方？

　　经业主共同决定，维修资金可以用于电梯、屋顶、外墙、无障碍设施等共有部分的维修、更新和改造。

 08　业主可以共同决定哪些事项？

（1）制定和修改业主大会议事规则；

（2）制定和修改管理规约；

（3）选举业主委员会或者更换业主委员会成员；

（4）选聘和解聘物业服务企业或者其他管理人；

（5）使用建筑物及其附属设施的维修资金；

（6）筹集建筑物及其附属设施的维修资金；

（7）改建、重建建筑物及其附属设施；

（8）改变共有部分的用途或者利用共有部分从事经营活动；

（9）有关共有和共同管理权利的其他重大事项。

　　业主共同决定事项，应当由专有部分面积占比 2/3 以上的业主且人数占比 2/3 以上的业主参与表决。

09 小区物业不作为，怎么办？

对建设单位聘请的物业服务企业或者其他管理人，业主有权依法更换。

 10 有业主任意丢弃垃圾、侵占通道，其他业主就没办法吗？

业主大会或者业主委员会，对任意弃置垃圾、排放污染物或者噪声、违反规定饲养动物、违章搭建、侵占通道、拒付物业费等损害他人合法权益的行为，有权依照法律、法规以及管理规约，请求行为人停止侵害、排除妨碍、消除危险、恢复原状、赔偿损失。

更多内容扫图检索

 11 房子空着没人住，还需要交物业费吗？

按时交纳物业服务费用是业主在物业管理活动中应履行的义务，物业服务人已经按照约定和有关规定提供服务的，业主不得以未接受或者无需接受相关物业服务为由拒绝支付物业费。房子空着没人住仍需要交物业费。

 12 业主有义务配合小区物业因为疫情防控采取的管控措施吗？

有。业主应当遵守法律、法规以及管理规约，相关行为应当符合节约资源、保护生态环境的要求。对于物业服务企业或者其他管理人执行政府依法实施的应急处置措施和其他管理措施，业主应当依法予以配合。

以案释法

住宅小区内的城市道路属于业主共有吗？

请将绳子取下，不得影响车辆通行。

更多内容扫图检索

　　翠竹苑是某区面积较大的居住小区。该小区被从中穿过的城市公路一分为二。钟先生购买该小区二手房1套，并举家迁入。由于购置房屋临近道路，钟先生在路上拉起了绳子，用来晾晒被子、衣物。小区物业管理人员知道后，要求钟先生取下绳子，不得影响车辆通行。钟先生辩称，建筑区划内的道路，属于业主共有，自己有使用权。

 案例点睛

　　建筑区划内的道路，属于业主共有，但属于城镇公共道路的除外。小区内的城镇公共道路不属于业主共有。因此，钟先生不能在小区里的城市道路上晾晒衣物，其说法也是不正确的。

小区广告收益归谁所有?

某广告公司

更多内容扫图检索

业主李某发现某广告公司将广告牌安装在其房屋的外墙面上。于是找该广告公司,要求拆除或支付广告费,但被拒绝,理由是:安装广告牌是经过小区物业同意了的,并向物业支付了广告费。李某找到物业公司,要求物业将该广告费全部支付给他,又被拒绝,物业理由是:该广告费用属于物业公司所有。

 案例点睛 ----------------------------

建筑物及其附属设施的费用分摊、收益分配等事项,有约定的,按照约定;没有约定或者约定不明确的,按照业主专有部分面积所占比例确定。小区广告费收入归属权,取决于广告载体的所有权及所有权人的约定。没有约定或约定不明确的,归业主所有。作为广告载体的建筑物系多位业主共有的,按照业主专有部分占建筑物总面积的比例确定。当然,物业公司行使了管理权的,只要所有权人、广告公司与物业公司事先有约定,物业公司收取一定比例的广告管理费也是应当的。

……更多内容,请下载百姓法治宝典 APP 或民法通 APP 阅读

|第二章| 房屋权益

 01　购买的商品房70年产权到期后怎么办？

　　住宅建设用地使用权期限届满的，自动续期。续期费用的缴纳或者减免，依照法律、行政法规的规定办理。

更多内容扫图检索

 02　居住权人享有哪些权益？

　　民法典规定，居住权人有权按照合同约定，对他人的住宅享有占有、使用的用益物权，以满足生活居住的需要。设立居住权，当事人应当采用书面形式订立居住权合同。

 03　设立居住权要花钱吗？

　　居住权无偿设立，但是当事人另有约定的除外。设立居住权的，应当向登记机构申请居住权登记。居住权自登记时设立。

 04　居住权能转让或者继承吗？

　　民法典明确规定，居住权不得转让、继承。设立居住权的住宅不得出租，但是当事人另有约定的除外。

05 居住权合同一般包括哪些条款?

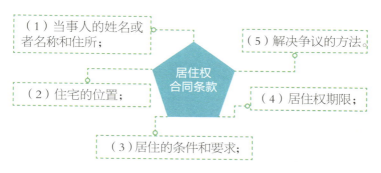

（1）当事人的姓名或者名称和住所；

（5）解决争议的方法。

居住权合同条款

（2）住宅的位置；

（4）居住权期限；

（3）居住的条件和要求；

06 居住权什么时候丧失?

（1）居住权期间届满；

（2）居住权人死亡。

注意：居住权消灭的，应当及时办理注销登记。

07 房屋产权什么时候取得?

不动产物权的设立、变更、转让和消灭，经依法登记，发生效力；未经登记，不发生效力，但是法律另有规定的除外。

我要进行不动产登记。

不动产登记中心

更多内容扫图检索

08   房屋登记必要材料有哪些？

当事人申请登记，应当根据不同登记事项提供权属证明和不动产界址、面积等必要材料。

 09   房屋的权利人、利害关系人有哪些权利和义务？

（1）权利人、利害关系人可以申请查询、复制不动产登记资料，登记机构应当提供。

（2）利害关系人不得公开、非法使用权利人的不动产登记资料。

（3）权利人、利害关系人认为不动产登记簿记载的事项错误的，可以申请更正登记。不动产登记簿记载的权利人不同意更正的，利害关系人可以申请异议登记。

 10   夫妻一方偷偷把房子卖了，另一方能否追回房屋？

房屋通常情况下属于夫妻共有，共同共有人对共有的不动产共同享有所有权。夫妻一方偷卖房屋属于无权处分，另一方能否追回房屋要看情况而定。民法典规定，无处分

更多内容扫图检索

权人将不动产或者动产转让给受让人的，所有权人有权追回；除法律另有规定外，符合下列情形的，受让人取得该不动产或者动产的所有权：

（1）受让人受让该不动产或者动产时是善意；

（2）以合理的价格转让；

（3）转让的不动产或者动产依照法律规定应当登记的已经登记，不需要登记的已经交付给受让人。

受让人依据前款规定取得不动产或者动产的所有权的，原所有权人有权向无处分权人请求损害赔偿。

 11　国家因为疫情防控的紧急需要，有权征用个人的房屋吗？

有权。因抢险救灾、疫情防控等紧急需要，依照法律规定的权限和程序可以征用组织、个人的不动产或者动产。被征用的不动产或者动产使用后，应当返还被征用人。组织、个人的不动产或者动产被征用或者征用后毁损、灭失的，应当给予补偿。

以案释法

 夫妻离婚后是否依然可以享有房屋居住权？

刘某和老李属于再婚家庭，两人登记结婚后，刘某嫁到老李家后与其一起住在单位公房。后老李单位进行房改，夫妻俩决定共同购买位于市区的1套房改房，并办理房产证，房屋所有权人登记在老李名

更多内容扫图检索

下。同年9月，双方书面约定：此房产权归老李所有，但刘某享有永久居住权，任何人不得干预。后来，刘某和老李离婚，但在房屋问题上发生争议，老李要求刘某迁出该房。刘某是否还享有在该房屋居住的权利？

案例点睛

居住权人有权按照合同约定，对他人的住宅享有占有、使用的用益物权，以满足生活居住的需要。本案中，刘某和老李采用书面约定的方式来设立居住权，合法有效，对双方具有法律约束力。因此，即使离婚后，房屋的所有权归老李所有，刘某依约定对该房屋享有的合法居住权，受法律保护。

前房主不愿迁出户口，对新房主所有权是否有影响？

宋某经过多次波折，购买了赵某的1套二手房。但赵某的户口一直落在这套房屋上，不肯迁出。那么这种情况对宋某房屋所有权会不会造成影响？

更多内容扫图检索

 案例点睛 ▶ ⋯⋯⋯⋯⋯⋯⋯⋯⋯⋯

　　住房属于不动产。不动产物权的设立、变更、转让和消灭，经依法登记，发生效力。如果宋某与赵某已在房屋管理局办理了过户手续，并领取了房产证，该房屋的所有权即属于宋某。赵某户口仍落在此房上，对宋某取得房屋的所有权并无影响。但是，如果将来该房屋有拆迁问题，而且是按照户籍人数来补偿，那么补偿款须在该房屋内的所有户籍人员分配。因此，当事人在签订二手房买卖合同时，最好以"附加条款"注明户口问题，约定前房主迁出的时间。如果前房主逾期不迁出，要承担违约责任。

出租人在未通知承租人的情况下与第三人签订的房屋买卖合同有效吗？

陈某与王某签订《房屋租赁合同》，约定由陈某承租王某位于市中心的商铺，租赁期限为5年。后来，王某在没有通知陈某的前提下，将商铺以300万元的价格转让给第三人刘

更多内容扫图检索

某，且刘某交付了全部购房款300万元，双方当天就办理了该商铺的过户登记手续。陈某得知此事后，即向王某表示自己也有能力购买此商铺，王某则表示并没有约定承租人有优先购买权，并要求陈某立即搬离商铺。请问：陈某是否有权主张王某与刘某之间的房屋买卖合同无效呢？

 案例点睛

　　当出租人将房屋出卖给第三人并办理了过户登记手续后，第三人已经享有了房屋的所有权。出租人转卖已出租房屋未在合理期限内通知承租人或者存在其他侵害承租人优先购买权情形，承租人请求出租人承担赔偿责任的，人民法院应予支持。但请求确认出租人与第三人签订的房屋买卖合同无效的，人民法院不予支持。陈某不能向法院主张刘某和王某之间的房屋买卖合同无效，

但可以继续使用该租赁房屋直至租赁期满。

预告登记后，未经登记权利人的同意，有权处分不动产吗？

甲公司开发写字楼1幢，并将其中一层卖给乙公司，约定半年后交房，乙公司申请办理了预告登记。后来，甲公司因资金周转困难，在乙公司不知情的情况下，以该层楼向银行抵押借款并登记。现因甲公司不能清偿欠款，银行要求实现抵押权。如何处理？

我们要求实现抵押权。

更多内容扫图检索

 案例点睛 ▸

当事人签订买卖房屋的协议或者签订其他不动产物权的协议，为保障将来实现物权，按照约定可以向登记机构申请预告登记。预告登记后，未经预告登记的权利人同意，处分该不动产的，不发生物权效力。预告登记后，债权消灭或者自能够进行不动产登记之日起90日内未申请登记的，预告登记失效。甲公司未经预告登记的权利人乙公司的同意，无权处分写字楼，银行的抵押权不成立。银行应根据抵押合同追究甲公司的责任。

住宅变餐厅，邻居究竟管不管得着?

　　本市某小区潘先生的住房在一楼。前不久，潘先生将自己的住房变成了餐厅，生意十分红火。潘先生的餐厅经常营业到深夜，餐厅里噪音很大，炒菜时油烟扩散到整栋楼，下水管也经常堵塞。对此，邻居意见很大，经常到物业投诉潘先生，甚至有人告诉潘先生若不及时拆除就要向法院起诉他。潘先生却认为把自家住房的用途改变与旁人无关，他们无权这么做。

更多内容扫图检索

案例点睛 ▶ -

　　业主不得违反法律、法规以及管理规约，将住宅改变为经营性用房。潘先生不应该擅自改变房屋的使用功能，即使要改变也应该征得有利害关系的其他业主同意，且不能够影响其他业主的合法权益及公共利益。本案中，潘先生作为业主，经营的餐厅经常释放噪音，下水管也经常堵塞，这些行为都损害了他人的合法权益，业主大会或者业主委员会有权要求潘先生停止侵害、消除危险、排除妨害和赔偿损失。业主对侵害自己合法权益的行为，可以依法向人民法院提起诉讼。

母女共有的房屋如何分割?

孙某清与何某系母女关系。孙某清与丈夫离婚之后，4岁的何某便与母亲孙某清相依为命。何某参加工作后，劳动所得大部分交给了孙某清保管，母女在共同生活期间，收入共同消费，不分彼此。后来，

更多内容扫图检索

孙某清以个人名义购买商品房1套，支付首付款131750元（其中使用母女共同收入71750元、银行贷款60000元），房产登记在孙某清名下。孙某清原指望找个上门女婿为其养老，何某未遂其意，为此母女俩产生矛盾。何某诉至法院，要求对该房屋权属进行分割。

案例点睛

共有人对共有的不动产或者动产没有约定为按份共有或者共同共有，或者约定不明确的，除共有人具有家庭关系等外，视为按份共有。结合本案分析，双方未对该房屋各自所占份额进行约定，且不能确定母女俩各自出资额，故应按共同共有处理。综上，该房屋应当按共同共有处理，而不能以按份共有处理。共有人可以协商确定分割方式。达不成协议，共有的不动产或者动产可以

分割且不会因分割减损价值的，应当对实物予以分割；难以分割或者因分割会减损价值的，应当对折价或者拍卖、变卖取得的价款予以分割。

……更多内容，请下载百姓法治宝典 APP 或民法通 APP 阅读

|第三章| 土地经营

 01　承包的土地不想种了，可以转给别人吗？

民法典完善了承包地"三权分置"制度（土地的所有权、经营权、承包权），规定土地承包经营权人可以自主决定依法采取出租、入股或者其他方式向他人流转土地经营权。确认从土地承包经营权中分离出的土地经营权可以流转或者市场化。流转期限为 5 年以上的土地经营权，自流转合同生效时设立，当事人可以向登记机构申请土地经营权登记。

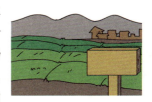

更多内容扫图检索

 02　流转土地经营权的方式有哪些？

出租、入股或其他方式。

03 土地经营权人的权利有哪些?

土地经营权人有权在合同约定的期限内占有农村土地,自主开展农业生产经营并取得收益。

 04 流转期限5年以上的土地经营权如何设立?

流转期限为5年以上的土地经营权,自流转合同生效时设立。当事人可以向登记机构申请土地经营权登记;未经登记,不得对抗善意第三人。

 05 以招标、拍卖、公开协商等方式承包土地的经营权流转方式有哪些?

出租、入股、抵押或其他方式。

 06 征收集体所有的土地的补偿费用包括哪些?

征收集体所有的土地,应当依法及时足额支付土地补偿费、安置补助费以及农村村民住宅、其他地上附着物和青苗等的补偿费用,并安排被征地农民的社会保障费用,保障被征地农民的生活,维护被征地农民的合法权益。

以案释法

 自己承包的土地如何通过流转获得收益？

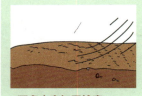

更多内容扫图检索

牛二一家在上海打工，家里承包的集体土地无人耕作。牛二不想抛荒土地，又不想交给他人无偿耕作。为此，牛二感到很苦恼。

 案例点睛 ▶

土地经营权人有权在合同约定的期限内占有农村土地，自主开展农业生产经营并取得收益。土地承包经营权人可以自主决定依法采取出租、入股或者其他方式向他人流转土地经营权。牛二可以自主决定将自己耕作的集体土地的土地经营权依法采取出租、入股或者其他方式向他人流转获得收益。

 土地的承包经营权是否能继承和通过抵押流转？

城郊某村将靠近河边的200亩荒滩，通过公开协商的方式以每年每亩300元的标准承包给城里人张某从事种养殖业

和旅游的综合开发，承包期为30年，双方依法签订了合同并办理了相关手续。经营3年之后，张某因资金紧张，准备向银行申请贷款，并以该土地承包经营权进行抵押。但张某随后在一次车祸中死亡，于是村委会便以承包人死亡为由提出收回该片土地的承包经营权另行发包。对此，张某的女儿小张提出异议，认为承包期还没有满，自己有权继续经营。

更多内容扫图检索

案例点睛 ▶

民法典第342条规定，通过招标、拍卖、公开协商等方式承包农村土地，经依法登记取得权属证书的，可以依法采取出租、入股、抵押或者其他方式流转土地经营权。该条规定适用于荒滩、荒沟、荒山的土地承包经营权。因此，张某将该荒滩的土地承包经营权进行抵押是合法有效的。农村土地承包法第54条规定："依照本章规定通过招标、拍卖、公开协商等方式取得土地经营权的，该承包人死亡，其应得的承包收益，依照继承法的规定继承；在承包期内，其继承人可以继续承包。"因此，张某通过公开协商的方式取得土地承包经营权，其继承人是可以继续承包的，村委会要求收回张某的土地承包经营权的理由不成立。

……更多内容，请下载百姓法治宝典 APP 或民法通 APP 阅读

|第四章| 抵押担保

 01　可以抵押的财产有哪些？

（1）建筑物和其他土地附着物；

（2）建设用地使用权；

（3）海域使用权；

（4）生产设备、原材料、半成品、产品；

（5）正在建造的建筑物、船舶、航空器；

（6）交通运输工具；

（7）法律、行政法规未禁止抵押的其他财产。

抵押人可以将上述所列财产一并抵押。

 02　不得抵押的财产包括哪些？

（1）土地所有权；

（2）宅基地、自留地、自留山等集体所有土地的使用权，但是法律规定可以抵押的除外；

（3）学校、幼儿园、医疗机构等以公益为目的成立的非营利法人的教育设施、医疗卫生设施和其他公益设施；

民法典规定，你的自留地是不能抵押的。

更多内容扫图检索

（4）所有权、使用权不明或者有争议的财产；

（5）依法被查封、扣押、监管的财产；

（6）法律、行政法规规定不得抵押的其他财产。

 03　如何行使留置权？

债务人不履行到期债务，债权人可以留置已经合法占有的债务人的动产，并有权就该动产优先受偿。债权人留置的动产，应当与债权属于同一法律关系，但是企业之间留置的除外。

 04　留置财产要注意什么？

（1）债权人留置的动产，应当与债权属于同一法律关系，但是企业之间留置的除外。

（2）法律规定或者当事人约定不得留置的动产，不得留置。

（3）留置财产为可分物的，留置财产的价值应当相当于债务的金额。

 05　留置权人享有哪些权利？

（1）占有权　　（2）孳息收取权　　（3）变价优先受偿权

 06　同一动产上的清偿顺序是什么？

留置权 抵押权或者质权

07   留置权人不行使留置权的，如何处理？

　　债务人可以请求留置权人在债务履行期限届满后行使留置权；留置权人不行使的，债务人可以请求人民法院拍卖、变卖留置财产。

 08   留置权在什么时候消灭？

　　留置权人对留置财产丧失占有或者留置权人接受债务人另行提供担保的，留置权消灭。

 09   同一财产既设立抵押权又设立质权，怎么办？

　　（1）同一财产既设立抵押权又设立质权的，拍卖、变卖该财产所得的价款按照登记、交付的时间先后确定清偿顺序。

　　（2）动产抵押担保的主债权是抵押物的价款，标的物交付后 10 日内办理抵押登记的，该抵押权人优先于抵押物买受人的其他担保物权人受偿，但是留置权人除外。

以案释法

抵押贷款购置的车辆出让后，对方不还款该如何处理？

郑某以抵押贷款方式购买了1辆汽车，并已办理了抵押登记。在抵押期间，郑某将车辆转让给了好友陈某，但未告知银行，也未与陈某办理车辆过户手续，只是与陈某约定，郑某将还款账户存折交给陈某，由陈某按期还款。可陈某未按期还款。郑某该怎么办？

我将这车转让给你。

更多内容扫图检索

案例点睛

抵押期间，抵押人可以转让抵押财产。当事人另有约定的，按照其约定。抵押财产转让的，抵押权不受影响。抵押人转让抵押财产的，应当及时通知抵押权人。抵押权人能够证明抵押财产转让可能损害抵押权的，可以请求抵押人将转让所得的价款向抵押权人提前清偿债务或者提存。转让的价款超过债权数额的部分归抵押人所有，不足部分由债务人清偿。抵押期间，抵押人即郑某转让汽车，应及时通知抵押权人即银行。但案例中，郑某转让车辆，未及时通知银行。此时，银行能够证明抵押车辆转让可能损害抵押权的，可以请求郑某将转让所得的价款向银行提前清偿债务或者提存，不足部分由郑某清偿。

存款单可以用来出质做担保吗？

我想咨询一下，存款单可以做担保吗？

更多内容扫图检索

张某的父亲突然得了急病，要做手术，医生告诉他们说手术费用至少2万元，这让家境并不富裕的张某犯了难。张某想向邻居王某借钱，但王某提出要担保。但张某家并没有多少储蓄，农村的房子也不值钱，家里只有1张存了5年定期的存款单，里面的3万元是张某的父亲辛苦攒下准备给张某娶妻用的。但是由于是定期，取出不便，张某希望可以直接用存款单担保，王某却不能相信存款单能做担保，两人遂咨询律师。

案例点睛

债务人或者第三人有权处分的债券、存款单可以出质。质权自权利凭证交付质权人时设立；没有权利凭证的，质权自办理出质登记时设立。本案中，张某可将存款单出质给邻居王某，作为借款担保。

债权人可以私自变卖其占有的债务人的合法财产进行清偿吗?

赵先生和王先生两家一直是很好的亲戚关系。赵家因为盖新房向王家借款8万元,约定2年后归还。2年后,赵先生因为各种原因并未能如期归还所欠债务,为此双方产生矛盾。王先生一直在使用赵先生所有的1台机器设备,为抵偿债务,王先生未经赵先生同意私自将该设备出卖。赵先生得知后,认为设备作价太低,与王先生矛盾激化,遂诉至法院。

更多内容扫图检索

 案例点睛 ▶

债务人不履行到期债务,债权人可以留置已经合法占有的债务人的动产,并有权就该动产优先受偿。但是债权人留置的动产,应当与债权属于同一法律关系。在本案中,赵先生未能如期归还所欠王家的债务,但王先生不能留置赵家的机器设备,因为该机器设备与该债权不是同一法律关系。双方可协商就该台机器设备抵偿债务,但不可私自变卖他人的合法财产受偿。

客户嫌维修费太高拒绝付费也未取货的怎么办？

任先生一款价值不菲的手表坏了，为了赶上朋友的婚礼庆典，任先生将手表交给一家钟表店维修。手表修好后，任先生以修理费用过高为由拒绝付款。后经协商，钟表店方面同意适当降低修理费用，任先生承诺在15日内付款取表。半个多月过去了，任先生仍未前来领取手表。钟表店该对任先生的手表如何处理？

更多内容扫图检索

 案例点睛 ▶

债务人不履行到期债务，债权人可以留置已经合法占有的债务人的动产，并有权就该动产优先受偿。留置权人与债务人应当约定留置财产后的债务履行期限；没有约定或者约定不明确的，留置权人应当给债务人60日以上履行债务的期限，但是鲜活易腐等不易保管的动产除外。债务人逾期未履行的，留置权人可以与债务人协议以留置财产折价，也可以就拍卖、变卖留置财产所得的价款优先受偿。留置财产折价或者变卖的，应当参照市场价格。本案中，任先生不支付表的修理费，钟表店可以对其手表留置。在双方约定的15天期限届满后，钟表店方面可以通知任先生履行约定，也可以与任先生协议以留置的手表折价，并可以就拍卖、变卖留置手表所得的价款优先受偿。

……更多内容，请下载百姓法治宝典 APP 或民法通 APP 阅读

第 三 部 分

合同编

|第一章| 一般规定

 01　订立合同的方式有哪些？

当事人订立合同，可以采取要约、承诺方式或者其他方式。

 02　仅有双方指印的合同成立吗？

当事人采用合同书形式订立合同的，自当事人均签名、盖章或者按指印时合同成立。在签名、盖章或者按指印之前，当事人一方已经履行主要义务，对方接受时，该合同成立。

更多内容扫图检索

根据法律、行政法规规定或者当事人约定，合同应采用书面形式订立。当事人未采用书面形式但一方已经履行了主要义务，则自对方接受时，该合同成立。

 03　网购合同什么时候成立？

当事人一方通过互联网等信息网络发布的商品或者服务信息符合要约条件的，对方选择该商品或者服务并提交订单成功时合同成立，但是当事人另有约定的除外。

04 合同的成立地点怎么确定?

承诺生效的地点为合同成立的地点。

采用数据电文形式订立合同的,收件人的主营业地为合同成立的地点;没有主营业地的,其住所地为合同成立的地点。当事人另有约定的,按照其约定。

当事人采用合同书形式订立合同的,最后签名、盖章或者按指印的地点为合同成立的地点,但是当事人另有约定的除外。

 05 预约合同效力如何?

当事人约定在将来一定期限内订立合同的认购书、订购书、预订书等,构成预约合同。

当事人一方不履行预约合同约定的订立合同义务的,对方可以请求其承担预约合同的违约责任。

 06 "霸王条款"也要履行吗?

格式条款是当事人为了重复使用而预先拟定,并在订立合同时未与对方协商的条款。

采用格式条款订立合同的,提供格式条款的一方应当遵循公平原则确定当

更多内容扫图检索

事人之间的权利和义务，并采取合理的方式提示对方注意免除或者减轻其责任等与对方有重大利害关系的条款，按照对方的要求，对该条款予以说明。提供格式条款的一方未履行提示或者说明义务，致使对方没有注意或者没有理解与其有重大利害关系的条款的，对方可以主张该条款不成为合同的内容。

 07　免除自己责任的格式条款，有效吗？

　　根据民法典第 497 条规定，有"提供格式条款一方不合理地免除或者减轻其责任、加重对方责任、限制对方主要权利"的情形的，该格式条款无效。

 08　对格式条款的理解发生争议时，怎么处理？

　　对格式条款的理解发生争议的，应当按照通常理解予以解释。对格式条款有两种以上解释的，应当作出不利于提供格式条款一方的解释。格式条款和非格式条款不一致的，应当采用非格式条款。

 09　悬赏广告属于合同吗？

　　属于。悬赏人以公开方式声明对完成特定行为的人支付报酬的，完成该行为的人可以请求其支付。

10　在订立合同过程中提供虚假情况，是否要承担赔偿责任？

当事人在订立合同过程中有下列情形之一，造成对方损失的，应当承担赔偿责任：

（1）假借订立合同，恶意进行磋商；

（2）故意隐瞒与订立合同有关的重要事实或者提供虚假情况；

（3）有其他违背诚信原则的行为。

 11　法定代表人超越自己权限订立的合同，有效吗？

法人的法定代表人或者非法人组织的负责人超越权限订立的合同，除相对人知道或者应当知道其超越权限外，该代表行为有效，订立的合同对法人或者非法人组织发生效力。

我们公司我说了算！

更多内容扫图检索

 12　合同中约定造成对方人身损害不承担责任的条款有效吗？

合同中的下列免责条款无效：

（1）造成对方人身损害的；

（2）因故意或者重大过失造成对方财产损失的。

 13　先履行债务的当事人在什么情况下可以中止履行？

应当先履行债务的当事人，有确切证据证明对方有下列情形之一的，可以中止履行：

（1）经营状况严重恶化；

（2）转移财产、抽逃资金，以逃避债务；

（3）丧失商业信誉；

（4）有丧失或者可能丧失履行债务能力的其他情形。

当事人没有确切证据中止履行的，应当承担违约责任。

 14 债务人提前履行债务的，债权人可以拒绝吗？

债权人可以拒绝债务人提前履行债务，但是提前履行不损害债权人利益的除外。

债务人提前履行债务给债权人增加的费用，由债务人负担。

 **以案释法**

为新三板上市造势，恶意与其他公司磋商，是否承担责任？

A公司拟为新三板上市造势，在无真实交易意图的情况下，短期内以业务合作为由邀请多家公司来其主要办公地点洽谈。其中，B公司安排授权代表往返多次，每次都准备了详尽可操作的合作方案，A公司佯装感兴趣并屡次表达将签署合同的意愿，但均在最后一刻推脱拒签。期间，A公司还将知悉的B公司的部分商业秘密泄露。A公司与B公司未缔结合同，但A公司是否应向B公司赔偿损失？

更多内容扫图检索

 案例点睛 ▶ -

　　当事人在订立合同过程中有下列情形之一，造成对方损失的，应当承担赔偿责任：（1）假借订立合同，恶意进行磋商；（2）故意隐瞒与订立合同有关的重要事实或者提供虚假情况；（3）有其他违背诚信原则的行为。本案中，A公司为新三板上市造势，在无真实交易意图的情况下，恶意与B公司进行磋商，造成B公司损失，依法应承担缔约过失责任。

……更多内容，请下载百姓法治宝典APP或民法通APP阅读

|第二章| 合同变更、履行、解除

 01 债权人转让债权的，需要通知债务人吗？

债权人转让债权，未通知债务人的，该转让对债务人不发生效力。

债权转让的通知不得撤销，但是经受让人同意的除外。

我的债权已经转移给甲公司了。

合同

更多内容扫图检索

 02 债权债务在什么情况下终止？

有下列情形之一的，债权债务终止：

（1）债务已经履行；

（2）债务相互抵销；

（3）债务人依法将标的物提存；

（4）债权人免除债务；

（5）债权债务同归于一人；

（6）法律规定或者当事人约定终止的其他情形。

合同解除的，该合同的权利义务关系终止。

 03 可以解除合同的情形有哪些？

有下列情形之一的，当事人可以解除合同：

（1）因不可抗力致使不能实现合同目的；

（2）在履行期限届满前，当事人一方明确表示或者以自己的行为表明不履行主要债务；

（3）当事人一方迟延履行主要债务，经催告后在合理期限内仍未履行；

（4）当事人一方迟延履行债务或者有其他违约行为致使不能实现合同目的；

（5）法律规定的其他情形。

以持续履行的债务为内容的不定期合同，当事人可以随时解除合同，但是应当在合理期限之前通知对方。

 04　合同解除后，已经履行的部分如何处理？

合同解除后，尚未履行的，终止履行；已经履行的，根据履行情况和合同性质，当事人可以请求恢复原状或者采取其他补救措施，并有权请求赔偿损失。

 05　债主下落不明，怎么办？

债权人下落不明，难以履行债务的，债务人可以将标的物提存。

标的物不适于提存或者提存费用过高的，债务人依法可以拍卖或者变卖标的物，提存所得的价款。

06 一方不履行合同义务的，应当承担哪些责任？

当事人一方不履行合同义务或者履行合同义务不符合约定的，应当承担继续履行、采取补救措施或者赔偿损失等违约责任。当事人一方不履行合同义务或者履行合同义务不符合约定的，在履行义务或者采取补救措施后，对方还有其他损失的，应当赔偿损失。

更多内容扫图检索

 07 违约责任的赔偿损失额怎么确定？

当事人一方不履行合同义务或者履行合同义务不符合约定，造成对方损失的，损失赔偿额应当相当于因违约所造成的损失，包括合同履行后可以获得的利益；但是，不得超过违约一方订立合同时预见到或者应当预见到的因违约可能造成的损失。

 08 合同中定金数额怎么确定？

定金的数额由当事人约定；但是，不得超过主合同标的额的 20%，超过部分不产生定金的效力。实际交付的定金数额多于或者少于约定数额的，视为变更约定的定金数额。

09　定金可以要求返还吗?

债务人履行债务的，定金应当抵作价款或者收回。给付定金的一方不履行债务或者履行债务不符合约定，致使不能实现合同目的的，无权请求返还定金；收受定金的一方不履行债务或者履行债务不符合约定，致使不能实现合同目的的，应当双倍返还定金。

更多内容扫图检索

 10　因第三人原因造成的违约也要向对方承担责任吗?

当事人一方因第三人的原因造成违约的，应当依法向对方承担违约责任。当事人一方和第三人之间的纠纷，依照法律规定或者按照约定处理。

 提存期间，标的物毁损、灭失的风险谁来承担?

甲乙约定买卖1幅名画，乙向甲交画，甲无正当理由拒绝受领。乙将该画交当地公证机关提存并通知了甲。提存期间，因不可抗力致该画毁损。甲是否应自担该画损失?

案例点睛

标的物提存后，毁损、灭失的风险由债权人承担。提存期间，标的物的孳息归债权人所有。提存费用由债权人负担。

乙依法将画提存后，即表明乙已经履行了对甲的义务。所以，甲应自担该画损失。

……更多内容，请下载百姓法治宝典APP或民法通APP阅读

|第三章| 买卖合同

 01 卖方"出卖他人之物"，买方不能取得所有权怎么办？

因出卖人未取得处分权致使标的物所有权不能转移的，买受人可以解除合同并请求出卖人承担违约责任。法律、行政法规禁止或者限制转让的标的物，依照其规定。

 02 房屋交付但未过户，发生火灾损失谁负责？

标的物毁损、灭失的风险，在标的物交付之前由出卖人承担，交付之后由买受人承担，但是法律另有规定或者当事人另有约定的除外。房屋交付后，即使还没有取得房屋所有权，买受人也应当承担房屋遭遇火灾而造成的损失。

更多内容扫图检索

03 未按约定时间提货，导致物品损坏，损失由谁承担？

出卖人按照约定或者依据法律规定将标的物置于交付地点，买受人违反约定没有收取的，标的物毁损、灭失的风险自违反约定时起由买受人承担。

 04 买的东西有质量问题，怎么办？

因标的物不符合质量要求，致使不能实现合同目的的，买受人可以拒绝接受标的物或者解除合同。买受人拒绝接受标的物或者解除合同的，标的物毁损、灭失的风险由出卖人承担。

 05 约定了免除瑕疵担保责任，是否可以不承担责任？

当事人约定减轻或者免除出卖人对标的物瑕疵承担的责任，因出卖人故意或者重大过失不告知买受人标的物瑕疵的，出卖人无权主张减轻或者免除责任。

更多内容扫图检索

 06 出卖怀孕奶牛，所生小牛归谁所有？

标的物在交付之前产生的孳息，归出卖人所有；交付之后产生的孳息，归买受人所有。但是，当事人另有约定的除外。小牛属于天然孳息，出卖人将怀孕奶牛现实交付买受人之后，该奶牛生下的小牛，属于买受人所有。

 07   卖家分批付货，其中一批货物不合格，怎么办？

出卖人分批交付标的物的，出卖人对其中一批标的物不交付或者交付不符合约定，致使该批标的物不能实现合同目的的，买受人可以就该批标的物解除。

出卖人不交付其中一批标的物或者交付不符合约定，致使之后其他各批标的物的交付不能实现合同目的的，买受人可以就该批以及之后其他各批标的物解除。

买受人如果就其中一批标的物解除，该批标的物与其他各批标的物相互依存的，可以就已经交付和未交付的各批标的物解除。

 08   卖家交付的商品与样品不一致，买家如何维权？

凭样品买卖的当事人应当封存样品，并可以对样品质量予以说明。出卖人交付的标的物应当与样品及其说明的质量相同。交付的商品与样品不一致，构成违约。买方可以拒收该商品，并要求卖方按合同的约定履行。

09 **试用买卖中，试用期过后就一定要购买吗？**

试用买卖的买受人在试用期内可以购买标的物，也可以拒绝购买。试用期限届满，买受人对是否购买标的物未作表示的，视为购买。试用买卖的买受人在试用期内已经支付部分价款或者对标的物实施出卖、出租、设立担保物权等行为的，视为同意购买。

更多内容扫图检索

 10 **试用商品后不购买，卖方要求支付"试用费"合法吗？**

试用买卖的当事人对标的物使用费没有约定或者约定不明确的，出卖人无权请求买受人支付。

 分期付款的买受人未支付到期价款的，该怎么办？

甲公司向乙公司购买1台挖掘机，合同约定分4期支付价款，每期支付全部款项的1/4。甲公司在支付了首期价款后，未支付第2期价款，乙公司多次催讨未果，引起纠纷。乙公司是否可以解除合同，并要求甲公司支付使用费？

案例点睛

分期付款的买受人未支付到期价款的数额达到全部价款的1/5，经催告后在合理期限内仍未支付到期价款的，出卖人可以请求买受人支付全部价款或者解除合同。出卖人解除合同的，可以向买受人请求支付该标的物的使用费。

本案符合上述规定，乙公司可以解除合同、收回标的物并要求甲公司支付使用费。

……更多内容，请下载百姓法治宝典APP或民法通APP阅读

| 第四章 | 赠与合同

01 答应赠送的财物，不想给了，能反悔吗？

赠与人在赠与财产的权利转移之前可以撤销赠与。除经过公证的赠与合同或者依法不得撤销的具有救灾、扶贫、助残等公益、道德义务性质的赠与合同之外，赠与财产转移前，赠与人享有任意撤销权，可以单方撤销赠与。

更多内容扫图检索

02 与希望小学签订赠与合同后反悔了，能不履行合同吗？

经过公证的赠与合同或者依法不得撤销的具有救灾、

扶贫、助残等公益、道德义务性质的赠与合同，赠与人不交付赠与财产的，受赠人可以请求交付。与希望小学签订赠与合同后不履行的，希望小学可以要求赠与人履行。

 03　答应赠与的救灾物品丢失，需要赔偿吗？

依据公证的赠与合同或者依法不得撤销的具有救灾、扶贫、助残等公益、道德义务性质的赠与合同，应当交付的赠与财产因赠与人故意或者重大过失致使毁损、灭失的，赠与人应当承担赔偿责任。

 04　赠与物造成受赠人损失，赠与人要承担责任吗？

赠与的财产有瑕疵的，赠与人不承担责任。附义务的赠与，赠与的财产有瑕疵的，赠与人在附义务的限度内承担与出卖人相同的责任。赠与人故意不告知瑕疵或者保证无瑕疵，造成受赠人损失的，应当承担赔偿责任。

更多内容扫图检索

 05　赠与房子已办理过户，还能撤销吗？

一般来说，赠与的房子已办理过户的，不能撤销。但受赠人有下列情形之一的，赠与人可以撤销赠与：

（1）严重侵害赠与人或者赠与人近亲属的合法权益；

（2）对赠与人有扶养义务而不履行；

（3）不履行赠与合同约定的义务。

赠与人的撤销权，自知道或者应当知道撤销事由之日起1年内行使。

 06　受赠人杀害赠与人，谁可以撤销赠与?

因受赠人的违法行为致使赠与人死亡或者丧失民事行为能力的，赠与人的继承人或者法定代理人可以撤销赠与。赠与人的继承人或者法定代理人的撤销权，自知道或者应当知道撤销事由之日起6个月内行使。

 07　答应赠与后经济状况恶化，可以不再赠与吗?

赠与人的经济状况显著恶化，严重影响其生产经营或者家庭生活的，可以不再履行赠与义务。

以案释法

具有公益性质的赠与可以不履行吗?

A公司在H省电视台主办的赈灾义演募捐现场举牌表示向S省红十字会捐款100万元,并指明此款专用于S省B中学的校舍重建。事后,A公司仅支付50万元。受赠人是否可以请求A公司支付剩余的50万元?

捐款100万元

更多内容扫图检索

案例点睛

经过公证的赠与合同或者依法不得撤销的具有救灾、扶贫、助残等公益、道德义务性质的赠与合同,赠与人不交付赠与财产的,受赠人可以请求交付。本案中,A公司尚未支付的50万元,受赠人有权利请求其支付。

……更多内容,请下载百姓法治宝典 APP 或民法通 APP 阅读

|第五章| 借款合同

 01　出借人可以在本金中预先扣除利息吗？

借款的利息不得预先在本金中扣除。利息预先在本金中扣除的，应当按照实际借款数额返还借款并计算利息。

> 我已经预先在本金中扣除了利息。

更多内容扫图检索

 02　没按约定到银行提取借款，也要向银行付利息吗？

借款人未按照约定的日期、数额收取借款的，应当按照约定的日期、数额支付利息。

 03　借款人未按照约定的借款用途使用借款的，银行会收回借款吗？

借款人未按照约定的借款用途使用借款的，贷款人可以停止发放借款、提前收回借款或者解除合同。

 04　借款合同没有约定还款时间怎么办？

借款人应当按照约定的期限返还借款。对借款期限没有约定或者约定不明确，可以协议补充；不能达成补充协议的，按照合同相关条款或者交易习惯确定。依据上述规定仍不能确定的，借款人可以随时返还；贷款人可以催告借款人在合理期限内返还。

05　借款人提前还款，利息如何计算？

借款人提前返还借款的，除当事人另有约定外，应当按照实际借款的期间计算利息。

06　约定年利率超过36%，有效吗？

禁止高利放贷，借款的利率不得违反国家有关规定。约定的利率超过年利率36%的，性质为高利贷，超过部分的利息约定无效。

更多内容扫图检索

07　个人之间借款，没约定利息，怎么算？

借款合同对支付利息没有约定的，视为没有利息。借款合同对支付利息约定不明确，当事人不能达成补充协议的，按照当地或者当事人的交易方式、交易习惯、市场利率等因素确定利息；自然人之间借款的，视为没有利息。

以案释法

个体工商户向银行贷款要接受审查吗？

你要提供经营状况证明、开户行及账号等大量的书面材料。

杜某经营自家纺织厂，因其发展规模扩大，原来的设备已不足以应付如此大规模的经营活动，杜某欲购置1套新的大型设备，但因资金紧张始终未能实施这项计划。于是，杜某欲向银行贷款。可是，银行让其提供大量的书面材料、经营状况证明、开户行及账号等信息，杜某对此有异议，认为银行在调查自己的隐私，可银行却说这是必要的贷款程序。请问：杜某需要配合银行的审查吗？

更多内容扫图检索

案例点睛

根据法律规定，订立借款合同，借款人应当按照贷款人的要求提供与借款有关的业务活动和财务状况的真实情况。因此，在杜某与银行订立借款合同时，应完整提供银行要求提供的与贷款有关的所有资料，这是借款人应尽的义务。所以，当银行依照法定程序要求杜某出示相关证明材料时，杜某应积极配合。

……更多内容，请下载百姓法治宝典 APP 或民法通 APP 阅读

|第六章| 租赁合同

 01 **签订租期为30年的租房合同有效吗?**

租赁期限不得超过 20 年。超过 20 年的，超过部分无效。租赁期限届满，当事人可以续订租赁合同；但是，约定的租赁期限自续订之日起不得超过 20 年。

 02 **不按合同约定使用租赁物导致事故，谁应承担责任?**

承租人未按照约定的方法或者未根据租赁物的性质使用租赁物，致使租赁物受到损失的，出租人可以解除合同并请求赔偿损失。

 03 **维修出租房屋的费用，谁承担?**

出租人应当履行租赁物的维修义务，但是当事人另有约定的除外。承租人在租赁物需要维修时可以请求出租人在合理期限内维修。出租人未履行维修义务的，承租人可以自行维修，维修费用由出租人负担。因维修租赁物影响承租人使用的，应当相应减少租金或者延长租期。因承租人的过错致使租赁物需要维修的，出租人不承担上述规定的维修义务。

04   承租人可以自行装修租赁房屋吗？

　　承租人经出租人同意，可以对租赁物进行改善或者增设他物。承租人未经出租人同意，对租赁物进行改善或者增设他物的，出租人可以请求承租人恢复原状或者赔偿损失。

 05   租户私自转租怎么办？

　　承租人未经出租人同意转租的，出租人可以解除合同。

更多内容扫图检索

 06   私自转租，房东知道后未提出异议，转租有效吗？

　　出租人知道或者应当知道承租人转租，但是在6个月内未提出异议的，视为出租人同意转租。

 07   租户不按时交房租怎么办？

　　承租人无正当理由未支付或者迟延支付租金的，出租人可以请求承租人在合理期限内支付；承租人逾期不支付的，出租人可以解除合同。

08 　**租赁期内，房东把房卖了，租户还能继续住吗？**

　　租赁物在承租人按照租赁合同占有期限内发生所有权变动的，不影响租赁合同的效力。根据"买卖不破租赁"原则，第三人取得租赁物所有权后，承租人的租赁权不受影响，其依然可以按照原租赁合同约定的条件，继续承租房屋直至租期届满。

 09 　**房东把房子卖给亲戚，租户还享有优先购买权吗？**

　　出租人出卖租赁房屋的，应当在出卖之前的合理期限内通知承租人，承租人享有以同等条件优先购买的权利；但是，房屋按份共有人行使优先购买权或者出租人将房屋出卖给近亲属的除外。

 10 　**房屋的租赁权可以继承吗？**

　　不可以。但承租人在房屋租赁期限内死亡的，与其生前共同居住的人或者共同经营人可以按照原租赁合同租赁该房屋。

11　租赁合同到期后未续签继续使用的，原合同是否有效？

租赁期限届满，承租人继续使用租赁物，出租人没有提出异议的，原租赁合同继续有效，但是租赁期限为不定期。

12　租赁期限届满后，再续约是否享有优先权？

租赁期限届满，房屋承租人享有以同等条件优先承租的权利。

租期约定不明的，是否可以随时解除租赁合同？

刘某欠何某100万元货款届期未还，且刘某不知所踪。刘某之子小刘为替父还债，与何某签订书面房屋租赁合同，未约定租期，仅约定："月租金1万元，用租金抵货款，如刘某出现并还清货款，本合同终止，双方再行结算。"何某是否有权随时解除合同？

月租金1万元，用租金抵货款，如你爸出现并还货款，合同终止、我们双方再行结算。

更多内容扫图检索

案例点睛

当事人对租赁期限没有约定或者约定不明确，依据民法典第510条的规定仍不能确定的，视为不定期租赁；当事人可以随时解除合同，但是应当在合理期限之前通知对方。本案中，若双方不能就租期达成补充协议，也不能根据合同相关条款或交易习惯确定租期，则何某有权解除合同，但应当在合理期限内通知对方。

……更多内容，请下载百姓法治宝典 APP 或民法通 APP 阅读

|第七章| 运输合同

 01 出租车司机可以拒载吗？

从事公共运输的承运人不得拒绝旅客、托运人通常、合理的运输要求。

 02 乘客"霸座"，怎么办？

旅客应当按照有效客票记载的时间、班次和座位号乘坐。旅客无票乘坐、超程乘坐、越级乘坐或者持不符合减价条件的优惠客票乘坐的，应当补交票款，承运人可以按照规定加收票款；旅客不支付票款的，承运人可以拒绝运输。

更多内容扫图检索

 03 实名制客票丢失，补办还收费吗？

实名制客运合同的旅客丢失客票的，可以请求承运人挂失补办，承运人不得再次收取票款和其他不合理费用。

04　旅客携带危险物品上车，承运人可以采取哪些措施？

　　旅客不得随身携带或者在行李中夹带易燃、易爆、有毒、有腐蚀性、有放射性以及可能危及运输工具上人身和财产安全的危险物品或者违禁物品。旅客违反上述规定的，承运人可以将危险物品或者违禁物品卸下、销毁或者送交有关部门。旅客坚持携带或者夹带危险物品或者违禁物品的，承运人应当拒绝运输。

 05　飞机晚点，可以要求更换班次或退票吗？

　　承运人应当按照有效客票记载的时间、班次和座位号运输旅客。承运人迟延运输或者有其他不能正常运输情形的，应当及时告知和提醒旅客，采取必要的安置措施，并根据旅客的要求安排改乘其他班次或者退票；由此造成旅客损失

更多内容扫图检索

的，承运人应当承担赔偿责任，但是不可归责于承运人的除外。

 06　空调车不开空调，可以要求退票吗？

　　承运人擅自降低服务标准的，应当根据旅客的请求退票或者减收票款；提高服务标准的，不得加收票款。

07　免票乘车旅客因交通事故受伤能否获得赔偿?

　　承运人应当对运输过程中旅客的伤亡承担赔偿责任;但是,伤亡是旅客自身健康原因造成的或者承运人证明伤亡是旅客故意、重大过失造成的除外。上述规定适用于按照规定免票、持优待票或者经承运人许可搭乘的无票旅客。

 08　乘坐火车行李丢失,可否向承运方索赔?

　　在运输过程中旅客随身携带物品毁损、灭失,承运人有过错的,应当承担赔偿责任。旅客托运的行李毁损、灭失的,适用货物运输的有关规定。

 以案释法

 乘客抢夺客车方向盘造成损伤,责任谁承担?

　　王某乘坐客车公司长途客车从北京返回家乡。车辆在高速公路行驶途中,王某走到司机身边,说自己急着上厕所,要求停车。司机告诉他说,高速公路上不准停车。王某不听,突然上前抓住方向盘向右猛打,导致大客车失控,冲断护栏后翻入近3米深的沟内。所幸无人死亡,但造

成8名乘客受伤。

李某是受伤乘客之一，由于翻车，李某为疗伤花费医药费3690元。李某以违反运输合同为由，向法院起诉客车公司。请问，客车公司应否赔偿李某支出的医药费？

更多内容扫图检索

 案例点睛 ▶ -

民法典合同编第819条规定，承运人应当严格履行安全运输义务，及时告知旅客安全运输应当注意的事项。旅客对承运人为安全运输所作的合理安排应当积极协助和配合。又根据民法典侵权责任编第1215条的规定，盗窃、抢劫或者抢夺的机动车发生交通事故造成损害的，由盗窃人、抢劫人或者抢夺人承担赔偿责任。盗窃人、抢劫人或者抢夺人与机动车使用人不是同一人，发生交通事故造成损害，属于该机动车一方责任的，由盗窃人、抢劫人或者抢夺人与机动车使用人承担连带责任。保险人在机动车强制保险责任限额范围内垫付抢救费用的，有权向交通事故责任人追偿。本案中，王某抢夺方向盘使客车失控，导致了李某在内的8名乘客受伤，根据以上法律规定，抢夺人王某与客车公司对李某的医药费，承担连带责任。

……更多内容，请下载百姓法治宝典 APP 或民法通 APP 阅读

第（四）部（分

人 格 权 编

|第一章| 人格权

 01　公民享有哪些人格权？

人格权是民事主体享有的生命权、身体权、健康权、姓名权、名称权、肖像权、名誉权、荣誉权、隐私权等权利。

除上述规定的人格权外，自然人享有基于人身自由、人格尊严产生的其他人格权益。

人格权是民事主体享有的生命权、身体权、健康权、姓名权、名称权、肖像权、名誉权、荣誉权、隐私权等权利。

除上述规定的人格权外，自然人享有基于人身自由、人格尊严产生的其他人格权益。

更多内容扫图检索

 02　人格权可以主动放弃吗？

民事主体的人格权受法律保护，任何组织或者个人不得侵害。人格权不得放弃、转让或者继承。

 03　人格权能许可给别人使用吗？

民事主体可以将自己的姓名、名称、肖像等许可他人使用，但是依照法律规定或者根据其性质不得许可的除外。

04　去世的人还享有人格权吗?

（1）死者的姓名、肖像、名誉、荣誉、隐私、遗体等受到侵害的，其配偶、子女、父母有权依法请求行为人承担民事责任；

（2）死者没有配偶、子女并且父母已经死亡的，其他近亲属有权依法请求行为人承担民事责任。

05　人格权被侵犯了该怎么办?

（1）人格权受到侵害的，受害人有权依照民法典和其他法律的规定请求行为人承担民事责任。

受害人的停止侵害、排除妨碍、消除危险、消除影响、恢复名誉、赔礼道歉请求权，不适用诉讼时效的规定。

更多内容扫图检索

（2）因当事人一方的违约行为，损害对方人格权并造成严重精神损害，受损害方选择请求其承担违约责任的，不影响受损害方请求精神损害赔偿。

（3）民事主体有证据证明行为人正在实施或者即将实施侵害其人格权的违法行为，不及时制止将使其合法权益受到难以弥补的损害的，有权依法向人民法院申请采取责令行为人停止有关行为的措施。

06　法院判决侵害人赔礼道歉, 侵害人不执行, 怎么办?

行为人因侵害人格权承担消除影响、恢复名誉、赔礼道歉等民事责任的，应当与行为的具体方式和造成的影响范围相当。行为人拒不承担上述规定的民事责任的，人民法院可以采取在报刊、网络等媒体上发布公告或者公布生效裁判文书等方式执行，产生的费用由行为人负担。

以案释法

死者的人格利益受法律保护吗？

某演出策划有限公司在某展览馆剧场举办"梦幻演唱会"，在演唱会之前的宣传广告中使用了某知名艺人的生前肖像及称谓。艺人之兄诉至一审法院。该演出策划有限公司是否侵犯了该艺人的肖像权、姓名权？

更多内容扫图检索

案例点睛

死者的姓名、肖像、名誉、荣誉、隐私、遗体等受到侵害的，其配偶、子女、父母有权依法请求行为人承担民事责任；死者没有配偶、子女且父母已经死亡的，其他近亲属有权依法请求行为人承担民事责任。

具有一定社会知名度的笔名、艺名、网名、译名、字号、姓名和名称的简称等，被他人使用足以造成公众混淆的，与姓名和名称受同等保护。

本案中，被告在未经该艺人近亲属授权同意的情况下，擅自使用其肖像用于商业演出，其行为已经构成侵权。该演出策划有限公司侵犯了该艺人的肖像权、姓名权。

遭遇职场性骚扰，怎么办？

更多内容扫图检索

26岁的小薇是某企业品质部员工，平常的工作情况要向担任品质部副部长的横某汇报。在日常工作中，横某经常借故骚扰小薇，由于小薇所在的办公室是开放式的，周围的同事都会看到横某的行为。从那时起，小薇开始经常做噩梦。在亲友和同事的劝说下，小薇选择了忍让，但小薇的隐忍却助长了横某的气焰。在公司年会上，横某公然从小薇身后卡她脖子、搂抱小薇，当时有同事悄悄拍了下来。小薇忍无可忍向公司投诉，于是公司召开协调会，包括横某在内的公司多名负责人参加。公司总经理先是承认横某的行为不对，但随后却说横某对小薇背部的触摸完全出于好意，且横某当晚喝了很多酒。其他参会的负责人非但没有替她维权，还说出了"总经理百忙之中主持会议是给你面子"的话，其中一人还多次声称要开除她。1个月后，小薇遭公司开除。于是，小薇向人民法院递交了诉状。请问该案中横某的行为是否对小薇构成性骚扰？

 案例点睛

违背他人意愿，以言语、肢体行为等方式对他人实施性骚扰的，受害人有权依法请求行为人承担民事责任。机关、企业、学校等单位应当采取合理的预防、受理投诉、调查处置等措施，防止和制止利用职权、从属关系等实施性骚扰。横某违背小薇意愿，以言语、肢体行为等方式对她实施性骚扰，侵犯了小薇的人格权，应当承担相应的民事责任。

......更多内容，请下载百姓法治宝典 APP 或民法通 APP 阅读

|第二章| 生命权、身体权和健康权

 01   想捐献自己的器官应该怎么做？

完全民事行为能力人有权依法自主决定无偿捐献其人体细胞、人体组织、人体器官、遗体。任何组织或者个人不得强迫、欺骗、利诱其捐献。

完全民事行为能力人依据上述规

还是把器官捐献
出去帮助别人吧！

更多内容扫图检索

定同意捐献的，应当采用书面形式，也可以订立遗嘱。

 02　生前没表示要捐献器官，死后能捐献其器官吗？

自然人生前未表示不同意捐献的，该自然人死亡后，其配偶、成年子女、父母可以共同决定捐献，决定捐献应当采用书面形式。

 03　得了肾病需要换肾，可以买别人的肾吗？

禁止以任何形式买卖人体细胞、人体组织、人体器官、遗体。违反上述规定的买卖行为无效。

 04　想研制新药做人体临床试验，需要得到相关主管部门的批准吗？

为研制新药、医疗器械或者发展新的预防和治疗方法，需要进行临床试验的，应当依法经相关主管部门批准并经伦理委员会审查同意，向受试者或者受试者的监护人告知试验目的、用途和可能产生的风险等详细情况，并经其书面同意。

更多内容扫图检索

 05　进行临床试验能向受试者收取试验费用吗？

进行临床试验的，不得向受试者收取试验费用。

06 **国家对与人体相关的医学和科研活动有什么规定？**

从事与人体基因、人体胚胎等有关的医学和科研活动的，应当遵守法律、行政法规和国家有关规定，不得危害人体健康，不得违背伦理道德，不得损害公共利益。

 07 **超市有权扣留顾客并搜查其身体和所带物品吗？**

以非法拘禁等方式剥夺、限制他人的行动自由，或者非法搜查他人身体的，受害人有权依法请求行为人承担民事责任。超市无权扣留顾客并搜查其身体和所带物品。

 08 **医生对癌症晚期患者主动实施安乐死，是否侵犯了该患者的生命权？**

自然人享有生命权，生命安全和生命尊严受法律保护，任何组织或者个人不得侵害他人的生命权。医生对癌症晚期患者主动实施安乐死，侵犯了该患者的生命权。

 09 **未经他人同意，剪掉他人头发，是否侵犯其身体权？**

自然人享有身体权，有权维护自己的身体完整和行动自由。任何组织或者个人不得侵害他人的身体权。未经他人同意，剪掉他人头发，侵犯了他人的身体权。

 医院误将肾脏摘除，是否侵犯病人健康权和生命权？

李某因病住院，医生手术时误将其右肾脏摘除。李某向法院起诉，要求医院赔偿治疗费用和精神损害抚慰金。法院审理期间，李某因术后感染医治无效死亡。医院是否侵犯了李某的健康权和生命权？

更多内容扫图检索

 案例点睛 ▶ — — — — — — — — — —

自然人享有生命权，生命安全和生命尊严受法律保护。任何组织或者个人不得侵害他人的生命权。自然人享有健康权，身心健康受法律保护。任何组织或者个人不得侵害他人的健康权。

本案中，医生手术时误将李某的肾脏摘除，侵害了李某的健康权；术后感染导致李某死亡，侵害了李某的生命权。患者在诊疗活动中受到损害，医疗机构或者其医务人员有过错的，由医疗机构承担赔偿责任。因此，医生手术失误造成的后果应当由医院承担。

剪情敌头发是否侵犯对方身体权？

　　李某彤视其长发如生命，被情敌赵某玲尽数剪去。赵某玲是否侵犯了李某彤的身体权？

她侵犯了我的身体权。

更多内容扫图检索

 案例点睛

　　自然人享有身体权，有权维护自己的身体完整和行动自由。任何组织或者个人不得侵害他人的身体权。身体权，是指自然人维护其身体组成部分的完全性、完整性，并支配其肢体、器官和其他组织的人格权，身体权的主体是自然人，其客体为身体利益。本案中，李某彤的长发属于她身体的一部分，赵某玲未经李某彤允许将其长发尽数剪去，这种行为侵害了李某彤的身体权，赵某玲应当承担相应民事责任。

……更多内容，请下载百姓法治宝典 APP 或民法通 APP 阅读

|第三章| 姓名权和名称权

 01　嫌父母起的名字不好，能改名吗？

　　自然人享有姓名权，有权依法决定、使用、变更或者许可他人使用自己的姓名，但是不得违背公序良俗。

更多内容扫图检索

 02　想改名，怎么办？

　　自然人决定、变更姓名的，应当依法向有关机关办理登记手续，但是法律另有规定的除外。

 03　改名后，对以前做的事情还需要担责吗？

　　民事主体变更姓名、名称的，变更前实施的民事法律行为对其具有法律约束力。

 04　能不能选择父母姓氏之外的姓氏？

　　自然人应当随父姓或者母姓，但是有下列情形之一的，可以在父姓和母姓之外选取姓氏：

（1）选取其他直系长辈血亲的姓氏；

（2）因由法定扶养人以外的人扶养而选取扶养人姓氏；

（3）有不违背公序良俗的其他正当理由。

少数民族自然人的姓氏可以遵从本民族的文化传统和风俗习惯。

 05   网名、笔名、艺名受法律保护吗？

具有一定社会知名度，被他人使用足以造成公众混淆的笔名、艺名、网名、译名、字号、姓名和名称的简称等，参照适用姓名权和名称权保护的有关规定。

我的网名竟然被人盗用了！

更多内容扫图检索

 06   姓名能许可他人使用吗？

对姓名等的许可使用，参照适用肖像许可使用的有关规定。因此，自然人有权依法许可他人使用自己的姓名。

以案释法

**擅自使用他人身份证办理信用卡，
侵犯对方姓名权吗？**

崔某用其拾得的钟某的身份证在某银行办理了信用卡，并恶意透支，致使钟某的姓名被列入银行不良信用记录名单。经查，该银行在办理发放信用卡之前，曾通过崔某在该行留下的钟某的电话（实为崔某的电话）核实钟某是否申请办理了信用卡。该案中，崔某是否侵犯了钟某的姓名权？

我要办信用卡。

更多内容扫图检索

案例点睛

任何组织或者个人不得以干涉、盗用、假冒等方式侵害他人的姓名权或者名称权。本案中，崔某未经许可，为谋取不正当利益，擅自使用钟某的身份证去办理信用卡，并假冒钟某答复银行核实办卡信息的电话，其行为侵犯了钟某的姓名权。

……更多内容，请下载百姓法治宝典 APP 或民法通 APP 阅读

|第四章| 肖像权

 01　什么是肖像？

肖像是通过影像、雕塑、绘画等方式在一定载体上所反映的特定自然人可以被识别的外部形象。

更多内容扫图检索

 02　影楼将顾客的艺术照放在橱窗里宣传展示，是否侵犯对方肖像权？

未经肖像权人同意，不得制作、使用、公开肖像权人的肖像，但是法律另有规定的除外。未经肖像权人同意，肖像作品权利人不得以发表、复制、发行、出租、展览等方式使用或者公开肖像权人的肖像。

 03　PS恶搞换脸发朋友圈，是否侵犯他人肖像权？

任何组织或者个人不得以丑化、污损，或者利用信息技术手段伪造等方式侵害他人的肖像权。PS恶搞换脸发朋友圈，侵犯他人肖像权。

更多内容扫图检索

04　合理实施哪些行为可以不经肖像权人同意？

（1）为个人学习、艺术欣赏、课堂教学或者科学研究，在必要范围内使用肖像权人已经公开的肖像；

（2）为实施新闻报道，不可避免地制作、使用、公开肖像权人的肖像；

（3）为依法履行职责，国家机关在必要范围内制作、使用、公开肖像权人的肖像；

（4）为展示特定公共环境，不可避免地制作、使用、公开肖像权人的肖像；

（5）为维护公共利益或者肖像权人合法权益，制作、使用、公开肖像权人的肖像的其他行为。

 05　签订的肖像许可使用合同能随时解除吗？

（1）当事人对肖像许可使用期限没有约定或者约定不明确的，任何一方当事人可以随时解除肖像许可使用合同，但是应当在合理期限之前通知对方。

（2）当事人对肖像许可使用期限有明确约定，肖像权人有正当理由的，可以解除肖像许可使用合同，但是应当在合理期限之前通知对方。因解除合同造成对方损失的，除不可归责于肖像权人的事由外，应当赔偿损失。

06　对肖像许可使用合同中肖像使用条款的理解有争议，应如何解释？

当事人对肖像许可使用合同中关于肖像使用条款的理解有争议的，应当作出有利于肖像权人的解释。

07　模仿他人声音侵权吗？

对自然人声音的保护，参照适用肖像权保护的有关规定。因此，他人的声音受法律保护。

以案释法

擅自将他人照片上传到营利性网站获利，是否侵犯他人肖像权？

摄影爱好者王某为好友丁某拍摄了一些生活照，并经丁某同意上传于某社交媒体群中。蔡某在社交媒体群中看到后，擅自将该组照片上传到某营利性摄影网站，获得报酬若干。蔡某的行为是否侵犯了丁某的肖像权？

更多内容扫图检索

案例点睛

任何组织或者个人不得以丑化、污损，或者利用信息技术手段伪造等方式侵害他人的肖像权。未经肖像权人同意，不得制作、使用、公开肖像权人的肖像，但是法律另有规定的除外。未经肖像权人同意，肖像作品权利人不得以发表、复制、发行、出租、展览等方式使用或者公开肖像权人的肖像。本案中，蔡某未经丁某同意擅自将丁某的照片上传到某营利性摄影网站并获得报酬若干，其行为完全符合肖像权侵权的构成要件。因此，蔡某侵犯了丁某的肖像权。

 整容后酷似明星，进行营利性模仿秀表演，是否侵犯明星人格权？

张某经多次整容后外形酷似知名演员刘某，此后多次参加营利性模仿秀表演，承接并拍摄了一些商业广告。张某整容后参加营利性模仿秀表演是否侵害了刘某的肖像权、名誉权？

更多内容扫图检索

案例点睛

　　未经肖像权人同意，肖像作品权利人不得以发表、复制、发行、出租、展览等方式使用或者公开肖像权人的肖像。但本案中，张某的整容与表演不存在形象再现问题，不涉及肖像权使用问题。张某的营利性模仿秀表演和拍摄商业广告使用的是自己的肖像，没有使用刘某的肖像，不构成对刘某肖像权的侵害。

　　任何组织或者个人不得以侮辱、诽谤等方式侵害他人的名誉权。名誉权侵权要件之一是导致受害人的社会评价降低，本案中，张某的行为并没有导致刘某社会评价降低，因此也没有侵犯刘某的名誉权。

……更多内容，请下载百姓法治宝典APP或民法通APP阅读

|第五章| 名誉权和荣誉权

 01　什么是名誉？

　　名誉是对民事主体的品德、声望、才能、信用等的社会评价。

更多内容扫图检索

 02　发朋友圈漫骂别人，并配有照片，是否侵犯对方名誉权？

　　民事主体享有名誉权。任何组织或者个人不得以侮辱、诽谤

等方式侵害他人的名誉权。发朋友圈谩骂别人，并配有照片，侵犯对方名誉权。

 03 新闻报道在什么情况下会侵犯他人名誉权？

行为人为公共利益实施新闻报道、舆论监督等行为，影响他人名誉的，不承担民事责任，但是有下列情形之一的除外：

〈（1）捏造、歪曲事实；

〈（2）对他人提供的严重失实内容未尽到合理核实义务；

〈（3）使用侮辱性言辞等贬损他人名誉。

 04 认定新闻报道人是否对内容尽到合理核实义务，应当考虑哪些因素？

（1）内容来源的可信度；

（2）对明显可能引发争议的内容是否进行了必要的调查；

（3）内容的时限性；

（4）内容与公序良俗的关联性；

（5）受害人名誉受贬损的可能性；

（6）核实能力和核实成本。

 05 写小说以真人真事为原型，什么情况下要承担名誉侵权责任？

（1）行为人发表的文学、艺术作品以真人真事或者特定人为描述对象，含有侮辱、诽谤内容，侵害他人名誉权的，受害人有权依法请求该行为人承担民事责任。

写小说含有侮辱、诽谤内容，侵害他人名誉权的，要承担责任。

更多内容扫图检索

（2）行为人发表的文学、艺术作品不以特定人为描述对象，仅其中的情节与该特定人的情况相似的，不承担民事责任。

 06 发现网络新闻报道侵害了自己的名誉权，应当如何处理？

民事主体有证据证明报刊、网络等媒体报道的内容失实，侵害其名誉权的，有权请求该媒体及时采取更正或者删除等必要措施。

更多内容扫图检索

 07 发现自己的信用评价错误，该怎么办？

民事主体可以依法查询自己的信用评价；发现信用评价不当的，有权提出异议并请求采取更正、删除等必要措施。信用评价人应当及时核查，经核查属实的，应当及时采取必要措施。

 08 获得的荣誉称号被记载错误，该怎么办？

获得的荣誉称号应当记载而没有记载的，民事主体可以请求记载；获得的荣誉称号记载错误的，民事主体可以请求更正。

发朋友圈谩骂构成名誉侵权吗?

柳某与皮某是微信好友,后双方交恶,于是皮某在微信应用程序中以微信号为"p991"、微信名为"皮皮虾"的个人账号在朋友圈中发表言论,称柳某"破坏了别人家庭就该夹起尾巴做人""接受了

您好,我要起诉。

更多内容扫图检索

高等教育的人到头来当小三,你的家人都蒙羞",同时配有柳某照片。柳某因此将皮某诉至法院。

案例点睛

民事主体享有名誉权。任何组织或者个人不得以侮辱、诽谤等方式侵害他人的名誉权。皮某出于个人情绪和主观臆断,擅自在微信平台上公开发布柳某照片,并配上关于柳某隐私及带有侮辱性的文字,导致柳某名誉受到损害。皮某的行为已构成名誉侵权,应当依法承担侵权责任。

……更多内容,请下载百姓法治宝典 APP 或民法通 APP 阅读

|第六章| 隐私权

 01　什么是隐私？

　　隐私是自然人的私人生活安宁和不愿为他人知晓的私密空间、私密活动、私密信息。

更多内容扫图检索

 02　私自拍摄他人房屋内部照片，侵犯隐私权吗？

　　除法律另有规定或者权利人明确同意外，任何组织或者个人不得实施下列行为：

　　（1）以电话、短信、即时通讯工具、电子邮件、传单等方式侵扰他人的私人生活安宁；

　　（2）进入、拍摄、窥视他人的住宅、宾馆房间等私密空间；

　　（3）拍摄、窥视、窃听、公开他人的私密活动；

　　（4）拍摄、窥视他人身体的私密部位；

　　（5）处理他人的私密信息；

　　（6）以其他方式侵害他人的隐私权。

　　根据上述规定，未经主人允许，擅自拍摄其住宅内照片，侵犯隐私权。

03　媒体发布艾滋病病人的信息，未经过病人同意，合法吗？

　　自然人享有隐私权。任何组织或者个人不得以刺探、侵扰、泄露、公开等方式侵害他人的隐私权。媒体未经过病人同意发布艾滋病病人的信息，侵犯了病人的隐私权，不合法。

 女青年电视相亲，备受关注，网友发动"人肉搜索"是否侵权？

　　女青年周某因在一档电视相亲节目中言辞犀利而受到观众关注，一时应者如云。有网民对其发动"人肉搜索"，在相关网站首次披露周某的曾用名、儿时相片、家庭背景、恋爱史等信息，并有人在网站上捏造周某曾与某明星有染的情节。网民的行为，是否侵犯了周某的隐私权、名誉权？

周某，25岁，居住于ⓧ市ⓧ区领美路110号。

更多内容扫图检索

 案例点睛

　　自然人享有隐私权。任何组织或者个人不得以刺探、侵扰、泄露、公开等方式侵害他人的隐私权。隐私是自然人的私人生活安宁和不愿为他人知晓的私密空间、私密活动、私密信息。本案中，网民在相关网站首次披露周某的家庭背景、恋爱史侵犯了周某的隐私权。

民事主体享有名誉权。任何组织或者个人不得以侮辱、诽谤等方式侵害他人的名誉权。名誉是对民事主体的品德、声望、才能、信用等的社会评价。本案中，有人在网站上捏造周某与某明星有染的情节，造成周某社会评价降低，侵犯了周某的名誉权。

快递员翻看快递物品，是否侵犯隐私权？

张某毕业要去外地工作，将自己贴身生活用品、私密照片及平板电脑等装箱交给某快递公司运送。张某在箱外贴了"私人物品，严禁打开"的字条。张某到外地收到快递后察觉有

这是您的包裹，请查收。
更多内容扫图检索

异，经查实，某快递公司工作人员李某曾翻看箱内物品，并损坏了平板电脑。李某是否侵犯了张某的隐私权？张某能向该快递公司索赔吗？

 案例点睛

隐私是自然人的私人生活安宁和不愿为他人知晓的私密空间、私密活动、私密信息。自然人享有隐私权。任何组织或者个

人不得以刺探、侵扰、泄露、公开等方式侵害他人的隐私权。本案中，李某私自翻看箱内物品，侵犯了张某的隐私权。

用人单位的工作人员因执行工作任务造成他人损害的，由用人单位承担侵权责任。用人单位承担侵权责任后，可以向有故意或者重大过失的工作人员追偿。李某翻看箱内物品以及损坏平板电脑的损失均由某快递公司来承担责任。张某可向该快递公司索赔。

……更多内容，请下载百姓法治宝典 APP 或民法通 APP 阅读

|第七章| 个人信息保护

 01　哪些信息是民法典所保护的个人信息？

个人信息是以电子或者其他方式记录的能够单独或者与其他信息结合识别特定自然人的各种信息，包括自然人的姓名、出生日期、身份证件号码、生物识别信息、住址、电话号码、电子邮箱、健康信息、行踪信息等。

更多内容扫图检索

个人信息中的私密信息，同时适用隐私权保护的有关规定；没有规定的，适用有关个人信息保护的规定。

 02　处理个人信息时，应当注意哪些事项？

处理自然人个人信息的，应当遵循合法、正当、必要原则，

不得过度处理，并符合下列条件：

（1）征得该自然人或者其监护人同意，但是法律、行政法规另有规定的除外；

（2）公开处理信息的规则；

（3）明示处理信息的目的、方式和范围；

（4）不违反法律、行政法规的规定和双方的约定。

个人信息的处理包括个人信息的收集、存储、使用、加工、传输、提供、公开等。

 03 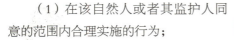 处理个人信息时，什么情况下行为人不承担民事责任？

处理自然人个人信息，有下列情形之一的，行为人不承担民事责任：

（1）在该自然人或者其监护人同意的范围内合理实施的行为；

（2）合理处理该自然人自行公开

更多内容扫图检索

的或者其他已经合法公开的信息，但是该自然人明确拒绝或者处理该信息侵害其重大利益的除外；

（3）为维护公共利益或者该自然人合法权益，合理实施的其他行为。

 04 信息处理者应遵守哪些规定？

（1）信息处理者不得泄露或者篡改其收集、存储的个人信息；

（2）未经自然人同意，不得向他人非法提供其个人信息，但是经过加工无法识别特定个人且不能复原的除外；

（3）信息处理者应当采取技术措施和其他必要措施，确保其收集、存储的个人信息安全，防止信息泄露、篡改、丢失；

（4）发生或者可能发生个人信息泄露、篡改、丢失的，应当及时采取补救措施，按照规定告知自然人并向有关主管部门报告。

非法买卖个人信息应承担民事责任吗？

张某因出售公民个人信息被判刑，孙某的姓名、身份证号码、家庭住址等信息也在其中，买方是某公司。张某是否侵害了孙某的个人信息受保护权？

更多内容扫图检索

 案例点睛

自然人的个人信息受法律保护。任何组织和个人需要获取他人个人信息的，应当依法取得并确保信息安全，不得非法收集、使用、加工、传输他人个人信息，不得非法买卖、提供或公开他人个人信息。本案中，张某出售孙某的个人信息，侵害了孙某的个人信息受保护权，应依法承担民事责任。

未经同意将他人个人信息提供给第三方违法吗？

韩女士是牛牛公司的员工，用工双方存在劳资纠纷。某日，韩女士在该公司邮寄给她的案件材料里发现了自己在某银行的个人账户交易明细。韩女士一愣，心想：公司没有这张银行卡的信息，也没有有关机关的调查令，怎么拿到我近两年银行流水的？于是，韩女士打电话给该银行，银行工作人员称，这是配合大客户的要求。韩女士认为，个人账户交易明细是重要的个人信息，银行不能未经许可就把个人账户交易明细提供给第三方，该银行的行为侵犯了自己的个人信息。于是，韩女士向公安机关报案。

 案例点睛

自然人的个人信息受法律保护。个人信息是以电子或者其他方式记录的能够单独或者与其他信息结合识别特定自然人的各种信息，包括自然人的姓名、出生日期、身份证件号码、生物识别信息、住址、电话号码、电子邮箱、健康信息、行踪信息等。个人信息中的私密信息，适用有关隐私权的规定；没有规定的，适用有关个人信息保护的规定。本案中，某银行在未获得韩女士授权，也没有有关机关合法调查手续的情况下，将韩女士的个人账户交易明细提供给第三方，其行为违反了关于个人信息保护的规定，应当承担侵权责任。

……更多内容，请下载百姓法治宝典APP或民法通APP阅读

第五部分
婚姻家庭编

|第一章| 结　婚

 01 父母干涉子女结婚违法吗？

结婚应当男女双方完全自愿，禁止任何一方对另一方加以强迫，禁止任何组织或者个人加以干涉。父母非法干涉子女的婚姻属于违法行为，情节严重的，还可能构成犯罪。

更多内容扫图检索

 02 19周岁可以结婚吗？

法定结婚年龄是：男不得早于22周岁，女不得早于20周岁。19周岁未达法定结婚年龄，不能结婚。

 03 堂兄妹之间可以结婚吗？

直系血亲或者三代以内的旁系血亲禁止结婚。堂兄妹属于三代以内的旁系血亲，不能结婚。

 04 举办了婚礼但未领结婚证，是合法夫妻吗？

要求结婚的男女双方应当亲自到婚姻登记机关申请结婚登记。符合民法典规定的，予以登记，发给结婚证。完成结婚登记，即确立婚姻关系。未办理结婚登记的，应当补办登记。因此，只有完成结婚登记，领了结婚证，才算正式夫妻，婚姻关系才受法律保护。只办婚礼，不领结婚证，不是合法夫妻。

更多内容扫图检索

 05　本人未亲自办理的结婚登记是否有效？

婚姻无效的情形包括 3 种：（1）重婚；（2）有禁止结婚的亲属关系；（3）未到法定婚龄。本人未亲自办理结婚登记，不属于无效婚姻情形，不能向法院请求宣告婚姻无效。

 06　男方以女方家人人身安全相威胁而结婚，婚姻关系有效吗？

结婚应当男女双方完全自愿，禁止任何一方对另一方加以强迫。因胁迫结婚的，受胁迫的一方可以向人民法院请求撤销婚姻。男方以女方家人人身安全相威胁而结婚，属于受胁迫结婚，女方享有婚姻撤销权，应当自胁迫行为终止之日起 1 年内提出。被撤销的婚姻，自始无效。

 07　婚后发现对方隐瞒重大疾病怎么办？

一方患有重大疾病的，应当在结婚登记前如实告知另一方；不如实告知的，另一方可以向人民法院请求撤销婚姻。请求撤销婚姻的，应当自知道或者应当知道撤销事由之日起 1 年内提出。

08 撤销婚姻后，再登记结婚算二婚吗？

无效的或者被撤销的婚姻自始没有法律约束力，当事人不具有夫妻的权利和义务。因此，撤销婚姻后，再登记结婚不是二婚。

 **以案释法**

 婚后才得知对方隐瞒了重大疾病，怎么办?

张某（男）与孙某（女）在旅游过程中相识并恋爱，后登记结婚。婚后孙某得知，张某婚前就患有精神分裂症且久治不愈，遂将张某诉至法院。

更多内容扫图检索

 案例点睛

一方患有重大疾病的，应当在结婚登记前如实告知另一方；不如实告知的，另一方可以向人民法院请求撤销婚姻。请求撤销婚姻的，应当自知道或者应当知道撤销事由之日起1年内提出。

张某婚前患有精神分裂症这一重大疾病，在结婚登记前并未如实告知孙某，孙某可自知道张某患有精神分裂症之日起 1 年内向法院请求撤销婚姻。

……更多内容，请下载百姓法治宝典 APP 或民法通 APP 阅读

|第二章| 家庭关系

 01　结婚后丈夫不让妻子继续上班违法吗?

　　夫妻双方都有参加生产、工作、学习和社会活动的自由，一方不得对另一方加以限制或者干涉。夫妻双方可以对各项事务进行平等协商，但不得对对方的工作自由强加干涉，作为丈夫不管是因为心疼妻子还是为了彰显自己的能力，都不可以限制或干涉妻子婚后继续上班。

更多内容扫图检索

 02　丈夫因伤致残丧失劳动能力，妻子不管怎么办?

　　夫妻有相互扶养的义务。丈夫因伤致残丧失劳动能力，没有了生活来源，有权要求妻子履行扶养义务。如果妻子不履行扶养义务，需要扶养的残疾丈夫，有要求其给付扶养费的权利。

03　丈夫未经妻子同意网购一台电脑用于办公，妻子可否拒绝付款？

夫妻一方因家庭日常生活需要而实施的民事法律行为，对夫妻双方发生效力，但是夫妻一方与相对人另有约定的除外。丈夫为工作需要购买的电脑应视为夫妻共同购买，妻子不能拒绝支付价款。但是，如果丈夫与卖家明确约定，只能由丈夫支付价款的，从其约定。

我买了一台电脑，需要你付钱。

更多内容扫图检索

 04　夫妻间的约定有效吗？

夫妻之间对一方可以实施的民事法律行为范围的限制，不得对抗善意相对人。因此，夫妻间的约定有效，但不得对抗善意相对人。

 05　"全职家庭主妇"离婚时可以平均分割夫妻共同财产吗？

夫妻对共同财产，有平等的处理权。夫妻在婚姻关系存续期间所得的下列财产，为夫妻的共同财产，归夫妻共同所有：（1）工资、奖金、劳务报酬；（2）生产、经营、投资的收益；（3）知识产权的收益；（4）继承或者受赠的财产，但是遗嘱或者赠与合同中确定只归一方的财产除外；（5）其他应当归共同所有的财产。"全职家庭主妇"也是为婚姻家庭生活作出贡献的一方，有权要求平均分割夫妻共同财产。

06 丈夫买彩票中奖，离婚时妻子有权分割奖金吗？

夫妻在婚姻关系存续期间所得生产、经营、投资的收益，为夫妻的共同财产，归夫妻共同所有。丈夫在婚姻存续期间购买彩票所得奖金属于夫妻共同财产。夫妻对共同财产，有平等的处理权，离婚时，妻子可以要求分割。

更多内容扫图检索

 07 婚后无偿取得的财产，归夫妻共同所有吗？

夫妻在婚姻关系存续期间所得的继承或者受赠的财产，为夫妻的共同财产，归夫妻共同所有。但是，遗嘱或者赠与合同中确定只归一方的财产除外。

 08 丈夫婚前拥有个人独资企业，婚后企业经营所得归谁所有？

一方的婚前财产，为夫妻一方的个人财产。夫妻在婚姻关系存续期间所得的生产、经营、投资的收益，为夫妻的共同财产，归夫妻共同所有。丈夫婚前拥有的个人独资企业，为个人财产，归个人所有。婚后企业经营所得，属于生产、经营、投资收益，归夫妻共同所有。

09   婚前创作的小说婚后出版，所得稿酬属于夫妻共同财产吗？

　　夫妻在婚姻关系存续期间所得的知识产权的收益，为夫妻的共同财产，归夫妻共同所有。婚后出版小说所获的稿酬，是在婚姻关系存续期间实际取得的知识产权收益，归夫妻共同所有。

 10   丈夫婚前有房屋一套，婚后所得的房屋租金，归谁所有？

　　一方的婚前财产，为夫妻一方的个人财产。夫妻一方个人财产在婚后所产生的孳息，仍归属于原物所有人一方。租金是丈夫个人所有房屋产生的孳息，归丈夫个人所有。

更多内容扫图检索

 11   结婚后，丈夫受伤获得的人身损害赔偿金，归谁所有？

　　一方因受到人身损害获得的赔偿或者补偿，为夫妻一方的个人财产。丈夫受伤获得的人身损害赔偿金应当归其个人所有。

12　丈夫借款买房并用于婚后生活，妻子需要一起偿还借款吗？

夫妻双方共同签名或者夫妻一方事后追认等共同意思表示所负的债务，以及夫妻一方在婚姻关系存续期间以个人名义为家庭日常生活需要所负的债务，属于夫妻共同债务。丈夫在婚姻关系存续期间借款买房，且用于夫妻共同生活，该债务属于夫妻共同债务，妻子也应承担清偿责任。

 13　丈夫婚内挥霍夫妻共同财产，妻子不离婚，可以请求分割财产吗？

婚姻关系存续期间，一方有隐藏、转移、变卖、毁损、挥霍夫妻共同财产或者伪造夫妻共同债务等严重损害夫妻共同财产利益的行为，夫妻一方可以向人民法院请求分割共同财产。丈夫挥霍夫妻共同财产，妻子不与丈夫离婚也可以向人民法院请求分割夫妻共同财产。

更多内容扫图检索

 14　夫妻约定"如果一方出轨，则婚内所有财产归另一方所有"有效吗？

男女双方可以约定婚姻关系存续期间所得的财产归各自所有、共同所有或者部分各自所有、部分共同所有。约定应当采用书面形式。夫妻对婚姻关系存续期间所得的财产的约定，对双方具有法律约束力。

15 丈夫婚内挥霍夫妻共同财产，妻子不离婚，可以请求分割财产吗？

我希望能够分割夫妻财产。

　　婚姻关系存续期间，一方有隐藏、转移、变卖、毁损、挥霍夫妻共同财产或者伪造夫妻共同债务等严重损害夫妻共同财产利益的行为，夫妻一方可以向人民法院请求分割共同财产。丈夫挥霍夫妻共同财产，妻子不与丈夫离婚也可以向人民法院请求分割夫妻共同财产。

更多内容扫图检索

16 父母不尽抚养义务，怎么办？

　　父母不履行抚养义务的，未成年子女或者不能独立生活的成年子女，有要求父母给付抚养费的权利。

你们不养孩子还不给孩子钱，这是做父母的吗？

更多内容扫图检索

17 儿女可以以拒绝赡养为由干涉父母再婚吗？

　　子女应当尊重父母的婚姻权利，不得干涉父母离婚、再婚以及婚后的生活。子女对父母的赡养义务，不因父母的婚姻关系变化而终止。

18 **怀疑孩子不是亲生的，怎么办？**

对亲子关系有异议且有正当理由的，父或者母可以向人民法院提起诉讼，请求确认或者否认亲子关系。

19 **6岁儿童父母因车祸去世，爷爷奶奶可以拒绝抚养他吗？**

有负担能力的祖父母、外祖父母，对于父母已经死亡或者父母无力抚养的未成年孙子女、外孙子女，有抚养的义务。孩子父母已去世，有负担能力的情况下，爷爷奶奶不能拒绝抚养。

更多内容扫图检索

以案释法

继子女对继父母有赡养义务吗？

更多内容扫图检索

因父母离婚，6岁的明明，随母亲田某生活。离婚后不久，其母亲认识了杜某，并登记结婚，田某带着明明与杜某组成了新的家庭。明明长大成家后，已丧失劳动能力的杜某要求其履行赡养义务，每月给付500元生活费，但遭到他的拒绝。明明认为自己每月要支付亲生父亲的生活费，已经尽了赡养义务，自己不可能赡养两个父亲。无奈之下，杜某将明明告上了法院。

 案例点睛 ▶ ------------------------------

　　继父或者继母和受其抚养教育的继子女间的权利义务关系，适用法律中关于父母子女关系的规定。本案中，明明 6 岁时，即随母亲到继父杜某家共同生活，双方已形成事实上的教育抚养关系。因此，明明应当对继父尽赡养义务。

……更多内容，请下载百姓法治宝典 APP 或民法通 APP 阅读

|第三章| 离　婚

 01 **离婚可以由他人代办吗？**

　　夫妻双方自愿离婚的，应当签订书面离婚协议，并亲自到婚姻登记机关申请离婚登记。离婚属于一种与身份相联系的法律行为，有着明显的人身权利特征，男女双方应亲自到婚姻登记机关申请离婚登记，不可以代办。

离婚必须男女双方亲自到场。

更多内容扫图检索

02　夫妻双方自愿离婚，还需要签订离婚协议吗？

　　夫妻双方自愿离婚的，应当签订书面离婚协议，并亲自到婚姻登记机关申请离婚登记。离婚协议应当载明双方自愿离婚的意思表示和对子女抚养、财产以及债务处理等事项协商一致的意见。

 03　冲动之下申请了离婚登记，后悔了怎么办？

　　自婚姻登记机关收到离婚登记申请之日起 30 日内，任何一方不愿意离婚的，可以向婚姻登记机关撤回离婚登记申请。

更多内容扫图检索

 04　申请了离婚登记，就可以发放离婚证吗？

　　提交离婚登记申请后 30 日内，任何一方不愿意离婚的，可以向婚姻登记机关撤回离婚登记申请，如果没有撤回的，期限届满后 30 日内，双方应当亲自到婚姻登记机关申请发给离婚证；未申请的，视为撤回离婚登记申请。

 05　法定离婚事由有哪些？

　　有下列情形之一，调解无效的，应当准予离婚：
　　（1）重婚或者与他人同居；
　　（2）实施家庭暴力或者虐待、遗弃家庭成员；

（3）有赌博、吸毒等恶习屡教不改；

（4）因感情不和分居满2年；

（5）其他导致夫妻感情破裂的情形。

 06   夫妻一方失踪，另一方能否起诉离婚？

夫妻一方要求离婚的，可以由有关组织进行调解或者直接向人民法院提起离婚诉讼。一方被宣告失踪，另一方提起离婚诉讼的，应当准予离婚。

 07   判决不准离婚后，一方再次起诉离婚，法院会准予吗？

夫妻一方要求离婚的，可以由有关组织进行调解或者直接向人民法院提起离婚诉讼。经人民法院判决不准离婚后，双方又分居满1年，一方再次提起离婚诉讼的，应当准予离婚。

 08   现役军人的配偶可以提出离婚吗？

现役军人的配偶要求离婚，应当征得军人同意，但是军人一方有重大过错的除外。

 09   妻子怀孕，丈夫可以提出离婚吗？

女方在怀孕期间、分娩后1年内或者终止妊娠后6个月内，男方不得提出离婚；但是，女方提出离婚或者人民法院认为确有必要受理男方离婚请求的除外。

更多内容扫图检索

10　妻子流产6个月内，丈夫可以提出离婚吗？

女方在怀孕期间、分娩后 1 年内或者终止妊娠后 6 个月内，男方不得提出离婚；但是，女方提出离婚或者人民法院认为确有必要受理男方离婚请求的除外。

更多内容扫图检索

 11　离婚后又以夫妻名义生活在一起，就算是自动复婚了吗？

离婚后，男女双方自愿恢复婚姻关系的，应当到婚姻登记机关重新进行结婚登记。

 12　离婚后，可以拒绝接受另一方给孩子的抚养费吗？

父母与子女间的关系，不因父母离婚而消除。离婚后，子女无论由父或者母直接抚养，都仍是父母双方的子女。离婚后，父母对于子女仍有抚养、教育、保护的权利和义务。父母对子女抚养和教育既是义务也是权利，离婚后，抚养子女一方不得以自己抚养子女为由剥夺另一方行使抚养权，不能拒绝接受另一方给孩子的抚养费。

 13　夫妻离婚，不满2周岁孩子由父母哪一方抚养？

离婚后，不满 2 周岁的子女，以由母亲直接抚养为原则。

14　孩子9岁，父母离婚，双方都想抚养孩子怎么办？

　　已满 2 周岁的子女，父母双方对抚养问题协议不成的，由人民法院根据双方的具体情况，按照最有利于未成年子女的原则判决。子女已满 8 周岁的，应当尊重其真实意愿。

 15　夫妻离婚，孩子判归母亲抚养，父亲拒付抚养费怎么办？

　　离婚后，子女由一方直接抚养的，另一方应当负担部分或者全部抚养费。负担费用的多少和期限的长短，由双方协议；协议不成的，由人民法院判决。

更多内容扫图检索

 16　夫妻离婚，协议约定不抚养的一方不能见孩子有效吗？

　　离婚后，不直接抚养子女的父或者母，有探望子女的权利，另一方有协助的义务。夫妻双方作出的关于不得探望子女的约定，明显违反了法律的强制性规定，应当认定为无效。

 17　离婚时，一方负担较多义务的，是否有权向另一方请求补偿？

　　夫妻一方因抚育子女、照料老年人、协助另一方工作等负担较多义务的，离婚时有权向另一方请求补偿，另一方应当给予补偿。具体办法由双方协议；协议不成的，由人民法院判决。

18　丈夫与他人同居，妻子离婚时能否请求赔偿？

有下列情形之一，导致离婚的，无过错方有权请求损害赔偿：

我要请求赔偿。

更多内容扫图检索

（1）重婚；

（2）与他人同居；

（3）实施家庭暴力；

（4）虐待、遗弃家庭成员；

（5）有其他重大过错。

 19　离婚后，发现丈夫在婚姻存续期间转移夫妻共同财产怎么办？

夫妻一方隐藏、转移、变卖、毁损、挥霍夫妻共同财产，或者伪造夫妻共同债务企图侵占另一方财产的，在离婚分割夫妻共同财产时，对该方可以少分或者不分。离婚后，另一方发现有上述行为的，可以向人民法院提起诉讼，请求再次分割夫妻共同财产。

 **以案释法**

 女方无经济来源，离婚时，法院会如何判决？

　　沈某（男）和陶某（女）登记结婚后一直无子，后决定采用试管婴儿手术的方式养育子女。但随着手术屡屡失败，两人逐渐出现矛盾且愈演愈烈。沈某遂向人民法院提起诉讼，要求与陶某离婚，并请求分割两人的存款以及双方婚后共同购置的1处房产。

更多内容扫图检索

案件审理过程中，陶某提出，在两人婚姻存续期间，其曾3次接受试管婴儿手术均受孕失败，这导致其身患严重疾病，精神上受到严重刺激不得不住院治疗，而正因如此，陶某无法工作，丧失了经济来源。因此，陶某请求法院在分割财产时对其多予分割。

 案例点睛 ▶

离婚时，夫妻的共同财产由双方协议处理；协议不成的，由人民法院根据财产的具体情况，按照照顾子女、女方和无过错方权益的原则判决。本案中，陶某作为女方，在与沈某的婚姻关系存续期间，因为试管婴儿手术屡屡失败而身患严重疾病，精神受到严重刺激不得不住院治疗，且没有了经济来源，故人民法院应当依据法律规定，根据两人财产的具体情况，按照照顾陶某权益的原则进行判决。

……更多内容，请下载百姓法治宝典 APP 或民法通 APP 阅读

|第四章| 收 养

 01 符合什么条件的孩子才能被收养？

下列未成年人，可以被收养：

（1）丧失父母的孤儿；

（2）查找不到生父母的未成年人；

（3）生父母有特殊困难无力抚养的子女。

更多内容扫图检索

 02 生活特别困难，无力抚养孩子，可以送给他人收养吗？

有特殊困难无力抚养子女的生父母可以作送养人。生父母有特殊困难，如生父母患有重大疾病或者经济特别困难等情况，没有能力抚养子女，可以送养未成年子女。

 03 监护人想送养孤儿，有抚养义务的人不同意，怎么办？

监护人送养孤儿的，应当征得有抚养义务的人同意。有抚养义务的人不同意送养、监护人不愿意继续履行监护职责的，应当依法另行确定监护人。

04 父母单方可以送养子女吗?

　　生父母送养子女，应当双方共同送养。生父母一方不明或者查找不到的，可以单方送养。生父母送养子女必须双方协商一致共同送养，只有生父母一方不明或者查找不到时才可以单方送养。

更多内容扫图检索

 05 25岁的成年人可以作为收养人收养子女吗?

　　收养人应当同时具备下列条件：

〈（1）〉无子女或者只有 1 名子女；

〈（2）〉有抚养、教育和保护被收养人的能力；

〈（3）〉未患有在医学上认为不应当收养子女的疾病；

〈（4）〉无不利于被收养人健康成长的违法犯罪记录；

〈（5）〉年满 30 周岁。

　　收养人必须同时满足以上条件才可以收养子女，25 岁的成年人显然不符合年龄要求，因此不能收养子女。

 06 父母有抚养能力，可以把子女送给他人收养吗?

　　有特殊困难无力抚养子女的生父母才可以作送养人。但作为收养人，收养三代以内旁系同辈血亲的子女，可以不受生父母有特殊困难无力抚养的限制。

 07　有子女的人可以收养其他孩子吗?

　　无子女的收养人可以收养 2 名子女;有子女且只有 1 名子女的收养人,只能收养 1 名子女。收养孤儿、残疾未成年人或者儿童福利机构抚养的查找不到生父母的未成年人,可以不受以上限制。

 08　已经有两个孩子了,还可以收养孤儿吗?

　　收养孤儿、残疾未成年人或者儿童福利机构抚养的查找不到生父母的未成年人,可以不受收养者亲生子女人数的限制。

更多内容扫图检索

 09　单身人士收养异性子女,有年龄限制吗?

　　无配偶者收养异性子女的,收养人与被收养人的年龄应当相差 40 周岁以上。

 10　继父母有亲生子女,还能收养继子女吗?

　　继父或者继母经继子女的生父母同意,可以收养继子女,并可以不受被收养人为生父母有特殊困难无力抚养的子女、送养人为有特殊困难无力抚养子女的生父母以及收养人应当同时具备的条件和收养子女数量限制等规定限制。

11 未经10周岁孩子本人的同意，父母可以将其送养吗？

收养人收养与送养人送养，应当双方自愿。收养8周岁以上未成年人的，应当征得被收养人的同意。孩子10周岁，父母欲送养、收养人欲收养，必须经其同意。

更多内容扫图检索

 12 收养关系的成立需要登记吗？

收养应当向县级以上人民政府民政部门登记。收养关系自登记之日起成立。收养查找不到生父母的未成年人的，办理登记的民政部门应当在登记前予以公告。因此，收养关系的成立需要登记。

 13 外国人可以在我国收养子女吗？

外国人依法可以在中华人民共和国收养子女。

 14 外国人在我国收养子女需要哪些材料？

外国人在中华人民共和国收养子女，应当经其所在国主管机关依照该国法律审查同意。收养人应当提供由其所在国有权机构出具的有关其年龄、婚姻、职业、财产、健康、有无受过刑事处罚等状况的证明材料，并与送养人签订书面协议，亲自向省、自治区、直辖市人民政府民政部门登记。

上述证明材料应当经收养人所在国外交机关或者外交机关授权的机构认证，并经中华人民共和国驻该国使领馆认证，但是国家另有规定的除外。

 15 被人收养后对生父母有赡养义务吗？

养子女与生父母以及其他近亲属间的权利义务关系，因收养关系的成立而消除。办理收养登记后，收养关系成立，子女与生父母之间的权利义务关系即消除。生父母无须承担对未成年子女的抚养义务，子女亦无赡养生父母的义务。

更多内容扫图检索

 16 养子女的姓氏如何确定？可以保留原姓吗？

养子女可以随养父或者养母的姓氏，经当事人协商一致，也可以保留原姓氏。

 17 收养人在被收养人成年以前可以解除收养关系吗？

收养人在被收养人成年以前，不得解除收养关系，但是收养人、送养人双方协议解除的除外。养子女8周岁以上的，应当征得本人同意。

 18　收养人虐待未成年养子女怎么办?

　　收养人不履行抚养义务，有虐待、遗弃等侵害未成年养子女合法权益行为的，送养人有权要求解除养父母与养子女间的收养关系。送养人、收养人不能达成解除收养关系协议的，可以向人民法院提起诉讼。

更多内容扫图检索

 19　解除收养关系后，未成年子女可以继承生父母的遗产吗?

　　收养关系解除后，养子女与养父母以及其他近亲属间的权利义务关系即行消除，与生父母以及其他近亲属间的权利义务关系自行恢复。未成年子女可以作为法定继承人继承生父母的遗产。

 以案释法

 收养一定要登记吗?

　　胡某（男）与刘某（女）登记结婚后一直没有孩子，于是收养胡一某为养子，但是，一直未在民政部门对其养

子进行收养登记，虽然也有人对他们提醒此事，但他们并未放在心上。两人认为胡一某是他们的孩子了，无需再通过登记手续来证明。

更多内容扫图检索

 案例点睛 - - - - - - - - - - - - - - - - - -

　　收养应当向县级以上人民政府民政部门登记。收养关系自登记之日起成立。因此，收养关系成立与否不能靠主观认定，而应依法办理登记。胡某、刘某与胡一某的收养关系只有登记之后才能成立，该收养关系才可受法律保护。

 断绝收养关系后，养母有权要求养女补偿吗？

更多内容扫图检索

　　高某（女）收养不满2周岁的女婴小雪，并将其抚养成人。女儿进入青春期后，几次被学校开除，各种生活琐事让母女间的隔阂越来越深。女儿长大成人后独自在外租房居住，加上小雪亲生父母的意外介入，使高某与小雪二人极少见面，到后来小雪干脆拒接高某的电话。养母高某身心俱疲，女儿小雪也倍感压抑。于是，高某向法院提起诉讼，请求解除养母女关系，并要求养女补偿她在收养期间的生活费、教育费、医疗费共计8万元。

 案例点睛

养父母与成年养子女关系恶化、无法共同生活的，可以协议解除收养关系。不能达成协议的，可以向人民法院提起诉讼。收养关系解除后，经养父母抚养的成年养子女，对缺乏劳动能力又缺乏生活来源的养父母，应当给付生活费。因养子女成年后虐待、遗弃养父母而解除收养关系的，养父母可以要求养子女补偿收养期间支出的抚养费。案例中，高某和养女小雪因教育问题产生矛盾，并因生活中种种问题导致无法共同生活，可以向人民法院提起诉讼要求解除收养关系。养子女对养父母的虐待、遗弃，是构成养父母可以要求养子女补偿收养期间支出费用的前提条件。本案中，没有证据证实小雪对其构成虐待或遗弃，因此，高某要求补偿收养期间支出费用的请求不能得到支持。

……更多内容，请下载百姓法治宝典 APP 或民法通 APP 阅读

第六部分

继承编

|第一章| 继承权

 01　被继承人未死亡，可以继承遗产吗？

继承从被继承人死亡时开始。只有被继承人死亡，继承才开始，继承法律关系才会发生，继承人可以取得被继承人的财产，受遗赠人也可以向遗嘱执行人或继承人索取受遗赠的财产。

我去世后，你们才能开始继承我的财产。

更多内容扫图检索

 02　相互有继承关系的数人同时死亡，遗产该如何继承？

相互有继承关系的数人在同一事件中死亡，难以确定死亡时间的，推定没有其他继承人的人先死亡。都有其他继承人，辈份不同的，推定长辈先死亡；辈份相同的，推定同时死亡，相互不发生继承。

 03　游戏装备可以继承吗？

更多内容扫图检索

遗产是自然人死亡时遗留的个人合法财产。依照法律规定或者根据其性质不得继承的遗产，不得继承。游戏装备等虚拟财产只要是个人合法财产，均为个人遗产，可继承。

04　法定继承、遗嘱、遗赠扶养协议，哪个效力优先？

继承开始后，按照法定继承办理；有遗嘱的，按照遗嘱继承或者遗赠办理；有遗赠扶养协议的，按照协议办理。据此可知，遗赠扶养协议优先于遗嘱继承、遗赠，遗嘱继承、遗赠优先于法定继承。

 05　继承人口头表示放弃继承权具有法律效力吗？

继承开始后，继承人放弃继承的，应当在遗产处理前，以书面形式作出放弃继承的表示。放弃继承必须以书面形式作出，口头表示无效。

 06　子女未表示放弃继承权，能否继承遗产？

继承开始后，继承人放弃继承的，应当在遗产处理前，以书面形式作出放弃继承的表示；没有表示的，视为接受继承。子女作为法定继承人未表示放弃继承权，视为接受继承。

更多内容扫图检索

 07　受遗赠人未表示放弃受遗赠，能否继承遗产？

受遗赠人应当在知道受遗赠后 60 日内，作出接受或者放弃受遗赠的表示；到期没有表示的，视为放弃受遗赠，不能继承遗产。

08 虐待父母会丧失继承权吗？

继承人遗弃被继承人，或者虐待被继承人情节严重，丧失继承权。但确有悔改表现，被继承人表示宽恕或者事后在遗嘱中将其列为继承人的，该继承人不丧失继承权。

更多内容扫图检索

 09 伪造遗嘱被原谅，还能继承遗产吗？

继承人伪造、篡改、隐匿或者销毁遗嘱，情节严重的，丧失继承权。但是确有悔改表现，被继承人表示宽恕或者事后在遗嘱中将其列为继承人的，该继承人不丧失继承权。

 10 为争夺遗产杀害其他继承人，还有权继承遗产吗？

为争夺遗产而杀害其他继承人，绝对丧失继承权，即使事后在遗嘱中其又被列为继承人，也不能继承遗产。

 11 杀害被继承人未遂后被原谅，还享有继承权吗？

故意杀害被继承人，绝对丧失继承权，即使得到被继承人的宽恕，也不能继承遗产。

更多内容扫图检索

12 遗产继承顺序是什么?

遗产按照下列顺序继承:

第一顺序:配偶、子女、父母;第二顺序:兄弟姐妹、祖父母、外祖父母。继承开始后,由第一顺序继承人继承,第二顺序继承人不继承;没有第一顺序继承人继承的,由第二顺序继承人继承。

 13 继子女有继承权吗?

法定继承中所指的"子女",包括婚生子女、非婚生子女、养子女和有扶养关系的继子女。因此,继子女与继父母之间有扶养关系的,享有继承权。

 14 父亲先于爷爷去世,孙子可否继承爷爷的遗产?

被继承人的子女先于被继承人死亡的,由被继承人的子女的直系晚辈血亲代位继承。孙子可以代位继承爷爷的遗产。

 15 侄子可以继承大伯的遗产吗?

被继承人的兄弟姐妹先于被继承人死亡的,由被继承人的兄弟姐妹的子女代位继承。大伯没有第一顺序继承人继承遗产时，弟弟（侄子的父亲）先于哥哥（大伯）死亡，侄子可以代位继承大伯的遗产。

 16 **父亲先于爷爷死亡，孙子代位继承的遗产份额会发生改变吗？**

代位继承人一般只能继承被代位继承人有权继承的遗产份额。若父亲可以继承爷爷50万元遗产，那么孙子可代位继承的遗产一般也只能是50万元。

 17 **丧偶儿媳改嫁后对前公婆尽了主要赡养义务，可否分得遗产？**

丧偶儿媳对公婆，丧偶女婿对岳父母，尽了主要赡养义务的，作为第一顺序继承人。因此，儿媳可以继承公婆的遗产，改嫁不影响其作为第一顺序继承人享有继承的权利。

更多内容扫图检索

 18 **对父母照顾较多，能多分遗产吗？**

同一顺序继承人继承遗产的份额，一般应当均等。但对被继承人尽了主要扶养义务或者与被继承人共同生活的继承人，分配遗产时，可以多分。对父母照顾较多，分配遗产时，可以多分。

19　儿子不赡养父亲，能继承遗产吗？

　　有扶养能力和有扶养条件的继承人，不尽扶养义务的，分配遗产时，应当不分或者少分。

20　主动赡养孤寡老人者，是否能分得遗产？

　　对继承人以外的依靠被继承人扶养的人，或者继承人以外的对被继承人扶养较多的人，可以分给适当的遗产。主动赡养孤寡老人，可以分得适当遗产。

以案释法

继子女的子女有代位继承权吗？

　　陈某离婚后带着儿子刘一与张某再婚，婚后又生下张一。后陈某因车祸去世，张某也未再娶，故刘一由张某一人抚养成人。刘一结婚后生育刘小，后刘一因病去世。几年后，张某也因病去世，名下留有1套房产，未

刘小可以代位继承其父刘一有权继承的份额。

法官

被告

更多内容扫图检索

留遗嘱。张某的女儿张一认为刘小的父亲刘一不是张某的

亲生儿子，只是继子，而且刘一先于张某过世，因此，只有自己可以继承这套房产。无奈之下，刘小起诉至法院要求代位继承这套房产。

 案例点睛 ▷

　　子女是法定继承中第一顺序继承人，包括婚生子女、非婚生子女、养子女和有扶养关系的继子女。被继承人的子女先于被继承人死亡的，由被继承人的子女的直系晚辈血亲代位继承。代位继承人一般只能继承被代位继承人有权继承的遗产份额。另外，被继承人的养子女、已形成扶养关系的继子女的亲生子女也可代位继承。本案中，刘小的父亲刘一从小由张某扶养，是张某第一顺序的法定继承人，因此，刘小可以代位继承其父刘一有权继承的遗产份额。

 家庭共有财产，遗产分割时如何处理？

　　李某与张某婚后共同购置一套三居室与女儿共同居住。张某的父母及弟弟居住在老家。不久丈夫张某突然去世，之后婆婆也去世。于是李某想把房子过户到自己名下。

更多内容扫图检索

当她前往房管局过户时，工作人员予以拒绝，说这房子须办理继承手续才能过户到李某的名下。而李某却认为自己的丈夫去世，其留下的房产理应由其本人继承，直接过户到自己名下。

 案例点睛

夫妻共同所有的财产，除有约定的外，遗产分割时，应当先将共同所有的财产的一半分出为配偶所有，其余的为被继承人的遗产。本案中，这套三居室是李某和丈夫张某两人共同的财产，现张某不幸去世，且未立下遗嘱。因此，根据法律规定，应当先将夫妻共同所有的房产中的一半产权分出归李某所有，其余的产权是张某的遗产，由李某、女儿和张某的父母继承。

继承开始后，继承人于遗产分割前死亡，并没有放弃继承的，该继承人应当继承的遗产转给其继承人，但是遗嘱另有安排的除外。本案中，张某的母亲后于他去世，这就发生转继承的法律关系，张某的母亲应继承的一份遗产转由张某的父亲以及弟弟继承。

因此，李某想把房产过户到自己名下，必须在其他继承人都表示放弃继承权后，才能取得房屋的全部所有权，否则李某不能办理过户手续。

……更多内容，请下载百姓法治宝典APP或民法通APP阅读

|第二章| 遗嘱和遗赠

01　丈夫将夫妻共有房屋立遗嘱留给弟弟，遗嘱有效吗？

　　自然人可以依照民法典规定立遗嘱处分个人财产，并可以指定遗嘱执行人。自然人可以立遗嘱将个人财产指定由法定继承人中的一人或者数人继承。自然人可以立遗嘱将个人财产赠与国家、集体或者法定继承人以外的组织、个人。自然人可以依法设立遗嘱信托。

我的房子留给我弟。

更多内容扫图检索

　　夫妻共同所有的财产，除有约定的外，遗产分割时，应当先将共同所有的财产的一半分出为配偶所有，其余的为被继承人的遗产。遗嘱人以遗嘱处分了属于国家、集体或他人所有的财产，遗嘱的这部分，应认定无效。丈夫以遗嘱处分了属于妻子所有的财产，遗嘱的这部分无效；处分属于自己财产的部分，遗嘱有效。

02　代书遗嘱未当场签字，有效吗？

　　代书遗嘱应当有 2 个以上见证人在场见证，由其中 1 人代书，并由遗嘱人、代书人和其他见证人签名，注明年、

月、日。代书遗嘱未由遗嘱人、代书人和其他见证人当场签字确认，无效。

 03　打印遗嘱有法律效力吗?

打印遗嘱应当有 2 个以上见证人在场见证。遗嘱人和见证人应当在遗嘱每一页签名，注明年、月、日。符合以上条件的打印遗嘱具有法律效力。

打印遗嘱应当有2个以上见证人在场见证。

更多内容扫图检索

 04　以录音录像立的遗嘱有法律效力吗?

以录音录像形式立的遗嘱，应当有 2 个以上见证人在场见证。遗嘱人和见证人应当在录音录像中记录其姓名或者肖像，以及年、月、日。符合以上条件的录音录像遗嘱有效。

 05　临终前立的口头遗嘱有效吗?

遗嘱人在危急情况下，可以立口头遗嘱。口头遗嘱应当有 2 个以上见证人在场见证。但是，如果危急情况消除后，遗嘱人能够以书面或者录音录像形式立遗嘱的，所立的口头遗嘱无效。

06 **女儿可以作为遗嘱见证人吗？**

下列人员不能作为遗嘱见证人：（1）无民事行为能力人、限制民事行为能力人以及其他不具有见证能力的人；（2）继承人、受遗赠人；（3）与继承人、受遗赠人有利害关系的人。女儿作为继承人，不能作为遗嘱见证人。

 07 **哥哥重病无收入，母亲立遗嘱将财产全留给弟弟，合适吗？**

遗嘱应当为缺乏劳动能力又没有生活来源的继承人保留必要的遗产份额。因此，母亲在立遗嘱时应为重病缺乏劳动能力又无生活来源的哥哥保留必要的遗产份额。如果母亲在遗嘱中未为哥哥保留份额，在遗产处理时，应当先为哥哥留下必要的遗产，所剩余的部分，才可参照遗嘱确定的分配原则处理。

 08 **公证遗嘱优先于其他形式的遗嘱吗？**

立有数份遗嘱，内容相抵触的，以最后的遗嘱为准。公证遗嘱的法律效力不再优于其他形式的遗嘱。

 09 **遗嘱写错了怎么办？**

遗嘱人可以撤回、变更自己所立的遗嘱。

 10 **12岁的未成年人所立的遗嘱有效吗？**

无民事行为能力人或者限制民事行为能力人所立的遗嘱无效。12岁的未成年人为限制民事行为能力人，其所立遗嘱无效。

11　立遗嘱后又对遗嘱财产进行了处理，遗嘱还有效吗？

立遗嘱后，遗嘱人实施与遗嘱内容相反的民事法律行为的，视为对遗嘱相关内容的撤回。立遗嘱人通过生前的卖房行为，使房屋在继承开始前所有权转移，视为遗嘱被撤回或部分被撤回。

更多内容扫图检索

 12　儿子胁迫父亲所立的遗嘱有效吗？

遗嘱必须表示遗嘱人的真实意思，受欺诈、胁迫所立的遗嘱无效。

 13　他人有权变更遗嘱内容吗？

遗嘱被篡改的，篡改的内容无效。伪造的遗嘱无效。遗嘱人以外的人无权变更遗嘱，被变更（篡改）的内容无效。

 14　受遗赠人不履行约定义务，怎么办？

遗嘱继承或者遗赠附有义务的，继承人或者受遗赠人应当履行义务。没有正当理由不履行义务的，经利害关系人或者有关组织请求，人民法院可以取消其接受附义务部分遗产的权利。

以案释法

多份遗嘱的效力如何认定？

　　赵大和赵二是亲兄弟，他们的母亲和父亲先后去世，留有房产1套。两人的父亲赵某，在生前先通过公证遗嘱的形式，明确赵大和赵二各继承房产50%产权；后又写下遗嘱将房产和其他财产全部留给赵二。

更多内容扫图检索

　　赵某去世后，赵大和赵二对遗产分配产生争执，多次协商未果后，赵大向法院起诉赵二，要求按公证遗嘱平分遗产。赵二辩称，赵大对赵某不孝，赵某晚年一直由他照顾。当年赵某在写下遗嘱时，曾向单位工作人员宣读，并有影像资料佐证。经鉴定，赵二提供的遗嘱正文内容手写字迹与落款签名字迹均为赵某所写。请问涉案房产应按哪份遗嘱进行继承？

案例点睛

　　自书遗嘱由遗嘱人亲笔书写，签名，注明年、月、日。本案中，在赵大没有证据证明赵二提交的遗嘱真实性和效力存在瑕疵的情况下，该份遗嘱符合自书遗嘱的形式和效力要求。

遗嘱人可以撤回、变更自己所立的遗嘱。立有数份遗嘱，内容相抵触的，以最后的遗嘱为准。本案中，赵二提交的遗嘱是赵某对涉案房屋处分的最后意思表示。因此，涉案房屋的继承应当以该遗嘱为准。

未作出是否接受遗产的意思表示，如何处理？

殷某妻子早逝，其有一子小涛。后殷某去世，留有一套两居室和存款若干。因生前殷某家困难时，姐姐常常接济，对其十分照顾。殷某感恩，死前立有遗嘱，将其存款赠与外甥女杜某。小涛和杜某被告知3个月后参与殷某的遗产分割，但直到遗产分割时，小涛与杜某均未作出是否接受遗产的意思表示。请问，小涛和杜某还能继承殷某的遗产吗？

扫扫3个月后要参加遗产分割。

更多内容扫图检索

案例点睛

继承开始后，继承人放弃继承的，应当在遗产处理前，以书面形式作出放弃继承的表示；没有表示的，视为接受继承。受遗赠人应当在知道受遗赠后 60 日内，作出接受或者放弃受遗赠的表示；到期没有表示的，视为放弃受遗赠。本案中，小涛作为殷某的儿子，是第一顺序的法定继承人，遗产处理前没有作出意思表示，视为接受继承。因此，小涛可以继承父亲的遗产。殷某通过遗嘱方式，将遗产赠与法定继承人以外的人杜某。因此，杜某为受遗赠人，杜某应当在知道受遗赠后 60 日内，作出接受或者放弃的表示。到期没有表示，视为放弃受遗赠。因此，杜某失去了受遗赠资格。

遗赠扶养协议的效力高于法定继承吗?

苏某老伴已去世，女儿长期在国外工作。于是苏某与保姆张某约定：如果张某尽心照顾苏某，死后遗产全部归张某。张某一直细心照料苏某，后苏某女儿回国，与张某一起照料父亲，半年后苏某去世。苏某女儿得知该协议后，认为自己是第一顺序继承人，且尽了义务，主张苏某、张某约定无效。遂向法院提起诉讼。

更多内容扫图检索

案例点睛

自然人可以与继承人以外的组织或者个人签订遗赠扶养协议。按照协议，该组织或者个人承担该自然人生养死葬的义务，享有受遗赠的权利。本案中，保姆张某属于法定继承人以外的人，因此，苏某与张某的约定在性质上属于遗赠扶养协议。同时张某履行了生养死葬的义务，可以享有受遗赠的权利。因此，该遗赠扶养协议有效。

　　继承开始后，按照法定继承办理；有遗嘱的，按照遗嘱继承或者遗赠办理；有遗赠扶养协议的，按照协议办理。据此可知，遗赠扶养协议优先于遗嘱继承、遗赠，遗嘱继承、遗赠优先于法定继承。本案中，苏某的女儿虽然属于第一顺序的法定继承人，但是，苏某与张某之间存在合法有效的遗赠扶养协议且遗赠扶养协议的效力高于法定继承。因此，苏某的遗产应按遗赠扶养协议的约定执行。

……更多内容，请下载百姓法治宝典 APP 或民法通 APP 阅读

|第三章| 遗产的处理

 01 没有继承人，谁担任遗产管理人？

　　继承开始后，遗嘱执行人为遗产管理人；没有遗嘱执行人的，继承人应当及时推选遗产管理人；继承人未推选的，由继承人共同担任遗产管理人；没有继承人或者继承人均放弃继承的，由被继

我是你们的遗产管理人

更多内容扫图检索

承人生前住所地的民政部门或者村民委员会担任遗产管理人。

02　**对遗产管理人的确定有争议的，如何处理？**

　　对遗产管理人的确定有争议的，利害关系人可以向人民法院申请指定遗产管理人。

 03　**遗产管理人的职责有哪些？**

遗产管理人应当履行下列职责：

〈1〉　清理遗产并制作遗产清单；

〈2〉　向继承人报告遗产情况；

〈3〉　采取必要措施防止遗产毁损、灭失；

〈4〉　处理被继承人的债权债务；

〈5〉　按照遗嘱或者依照法律规定分割遗产；

〈6〉　实施与管理遗产有关的其他必要行为。

 04　**遗产中的有关部分按照法定继承办理的情形有哪些？**

有下列情形之一的，遗产中的有关部分按照法定继承办理：

（1）遗嘱继承人放弃继承或者受遗赠人放弃受遗赠；

（2）遗嘱继承人丧失继承权或者受遗赠人丧失受遗赠权；

（3）遗嘱继承人、受遗赠人先于遗嘱人死亡或者终止；

（4）遗嘱无效部分所涉及的遗产；

（5）遗嘱未处分的遗产。

05　共同继承不宜分割的遗产，怎么处理？

遗产分割应当有利于生产和生活需要，不损害遗产的效用。不宜分割的遗产，可以采取折价、适当补偿或者共有等方法处理。

更多内容扫图检索

 06　对遗产分割份额有争议，协商不了怎么办？

继承人应当本着互谅互让、和睦团结的精神，协商处理继承问题。遗产分割的时间、办法和份额，由继承人协商确定；协商不成的，可以由人民调解委员会调解或者向人民法院提起诉讼。

 07　丈夫死后，妻子改嫁，可以处分继承的财产吗？

夫妻一方死亡后另一方再婚的，有权处分所继承的财产，任何组织或者个人不得干涉。

 08　未成年人的父亲突然离世，留下的遗产和债务如何处理？

分割遗产，应当清偿被继承人依法应当缴纳的税款和债务；但是，应当为缺乏劳动能力又没有生活来源的继承人保留必要的遗产。未成年人缺乏劳动能力又没有收入来源，应为其保留必要的遗产。

09　继承的遗产不够偿还父亲所欠债务的，怎么办？

继承人以所得遗产实际价值为限清偿被继承人依法应当缴纳的税款和债务。超过遗产实际价值部分，继承人自愿偿还的不在此限。

从父亲那继承的财产还不够还父亲的债，咋办呢？

更多内容扫图检索

 10　父债子还，天经地义吗？

继承人放弃继承的，对被继承人依法应当缴纳的税款和债务可以不负清偿责任。

 11　有法定继承、遗嘱继承和遗赠的情况下，谁先清偿被继承人债务？

既有法定继承又有遗嘱继承、遗赠的，由法定继承人清偿被继承人依法应当缴纳的税款和债务；超过法定继承遗产实际价值部分，由遗嘱继承人和受遗赠人按比例以所得遗产清偿。

 12　无人继承又无人受遗赠的遗产，如何处理？

我的财产无人继承又无人受遗赠，在我死后归国家所有，用于公益事业。

无人继承又无人受遗赠的遗产，归国家所有，用于公益事业；死者生前是集体所有制组织成员的，归所在集体所有制组织所有。

更多内容扫图检索

13 **只要签订遗赠扶养协议，就能取得遗赠财产吗?**

　　自然人可以与继承人以外的组织或者个人签订遗赠扶养协议。按照协议，该组织或者个人承担该自然人生养死葬的义务，享有受遗赠的权利。受遗赠人应履行协议约定的生养死葬的义务，才能享有受遗赠的权利。

更多内容扫图检索

 被继承人生前债务，如何清偿?

　　某日，齐某驾驶轿车逆向行驶与王某驾驶的车辆发生碰撞，造成王某头部、腿部受伤，齐某当场死亡，双方车辆不同程度损害，经交警部门认定，齐某负事故全部责任。齐某死后，其财产将由齐某的儿子小齐继承。受伤的王某找到齐某的儿子小齐，希望他能给予赔偿，被小齐一口拒绝。气愤的王某将小齐告上法庭，要求"父债子还"。在审理过程中，小齐不服气，认为肇事者是父亲，不是自己，况且父亲身亡，没有理由将赔偿款算到自己头上。

更多内容扫图检索

案例点睛 ▸ -

　　分割遗产，应当清偿被继承人依法应当缴纳的税款和债务。继承人以所得遗产实际价值为限清偿被继承人依法应当缴纳的税款和债务。超过遗产实际价值部分，继承人自愿偿还的不在此限。继承人放弃继承的，对被继承人依法应当缴纳的税款和债务可以不负清偿责任。本案中，由于被告小齐没有表示放弃对父亲齐某遗产的继承权，所以小齐作为齐某遗产的继承人，应在继承遗产的范围内承担赔偿责任。

……更多内容，请下载百姓法治宝典 APP 或民法通 APP 阅读

第七部分

侵权责任编

| 第一章 | 一般规定

 01 不小心弄坏他人财物，需要承担责任吗？

行为人因过错侵害他人民事权益造成损害的，应当承担侵权责任。依照法律规定推定行为人有过错，其不能证明自己没有过错的，应当承担侵权责任。

更多内容扫图检索

 02 行为人给他人造成损害，没有过错也要承担责任吗？

行为人造成他人民事权益损害，不论行为人有无过错，法律规定应当承担侵权责任的，依照其规定。

 03 侵权行为危及他人人身、财产安全的，要承担哪些侵权责任？

侵权行为危及他人人身、财产安全的，被侵权人有权请求侵权人承担停止侵害、排除妨碍、消除危险等侵权责任。

 04 被侵权人死亡的，谁有权请求侵权人承担侵权责任？

被侵权人死亡的，其近亲属有权请求侵权人承担侵权责任。被侵权人为组织，该组织分立、合并的，承继权利的组织有权请求侵权人承担侵权责任。被侵权人死亡的，支付被侵权人医疗费、丧葬费等合理费用的人有权请求侵权人赔偿费用，但是侵权人已经支付该费用的除外。

05　教唆、帮助他人侵犯第三人合法民事权益，该怎么承担责任？

　　教唆、帮助他人实施侵权行为的，应当与行为人承担连带责任。

 06　教唆"熊孩子"毁坏他人财物，要承担责任吗？

　　教唆、帮助无民事行为能力人、限制民事行为能力人实施侵权行为的，应当承担侵权责任；该无民事行为能力人、限制民事行为能力人的监护人未尽到监护职责的，应当承担相应的责任。

 07　多人共同实施侵权行为，应如何承担责任？

　　2 人以上实施危及他人人身、财产安全的行为，其中 1 人或者数人的行为造成他人损害，能够确定具体侵权人的，由侵权人承担责任；不能确定具体侵权人的，行为人承担连带责任。

更多内容扫图检索

 08　人身损害赔偿的范围是什么？

　　侵害他人造成人身损害的，应当赔偿医疗费、护理费、交通费、营养费、住院伙食补助费等为治疗和康复支出的合理费用，以及因误工减少的收入。造成残疾的，还应当赔偿辅助器具费和残疾赔偿金；造成死亡的，还应当赔偿丧葬费和死亡赔偿金。

09　同一侵权行为造成多人死亡的，死亡赔偿金可以相同吗？

因同一侵权行为造成多人死亡的，可以以相同数额确定死亡赔偿金。

 10　因侵害他人人身权益造成财产损失的，如何确定财产损失的赔偿数额？

侵害他人人身权益造成财产损失的，按照被侵权人因此受到的损失或者侵权人因此获得的利益赔偿；被侵权人因此受到的损失以及侵权人因此获得的利益难以确定，被侵权人和侵权人就赔偿数额协商不一致，向人民法院提起诉讼的，由人民法院根据实际情况确定赔偿数额。

侵害他人人身权益造成财产损失的，按照被侵权人因此受到的损失或者侵权人因此获得的利益赔偿。

更多内容扫图检索

 11　因人身权益被侵害受到严重精神损害，可以请求精神损害赔偿吗？

侵害自然人人身权益造成严重精神损害的，被侵权人有权请求精神损害赔偿。

 12　充满回忆的特定物品被损坏，可以请求精神损害赔偿吗？

因故意或者重大过失侵害自然人具有人身意义的特定物造成严重精神损害的，被侵权人有权请求精神损害赔偿。

13 侵害他人财产的，财产损失按照什么方式计算？

侵害他人财产的，财产损失按照损失发生时的市场价格或者其他合理方式计算。

14 侵权损害赔偿的支付方式有哪些？

损害发生后，当事人可以协商赔偿费用的支付方式。协商不一致的，赔偿费用应当一次性支付；一次性支付确有困难的，可以分期支付，但是被侵权人有权请求提供相应的担保。

更多内容扫图检索

共同投石砸人，无法确定加害人，怎么办？

郑某请好友王某帮忙教训丁某，王某欣然应允。于是，两人来到丁某家，见丁某独自在自家院内，便各向丁某投掷石头数块，其中有块石头击中丁某的头部，致丁某重伤。事后，难以查明是谁扔的石头砸伤了丁某。请问，谁对丁某的损害承担责任？

更多内容扫图检索

案例点睛

2 人以上实施危及他人人身、财产安全的行为，其中 1 人或者数人的行为造成他人损害，能够确定具体侵权人的，由侵权人承担责任；不能确定具体侵权人的，行为人承担连带责任。本案中，郑某、王某具有共同故意，尽管只有 1 人为实际侵权人，但无法查明具体侵权人，因此，根据法律规定，应由所有实施危险行为的人承担连带责任。

"自甘风险"，对方无过错就不担责吗？

小涛和小明是大学同学，他们都喜欢打篮球。某个周末，两人跟朋友一起到公园篮球场打比赛。比赛过程中，小涛不小心被小明撞倒，导致腿部受伤。请问，小涛能否要求小明承担损害赔偿责任？

更多内容扫图检索

案例点睛

自愿参加具有一定风险的文体活动，因其他参加者的行为受到损害的，受害人不得请求其他参加者承担侵权责任；但是，其他参加者对损害的发生有故意或者重大过失的除外。在一些高强度的体育活动中，身体接触和对抗是活动的一部分，也是竞技运动的魅力和特点所在。如果自愿参与者在进攻、防守、拼抢等环节受伤，对方的动作在正常规则允许的范围内，那么，这种受伤属于一种意外，而并非被侵权，对方没有过错，无需承担损害赔偿责任。只有在一方存有故意或重大过失，比如，因恶意犯规致人伤害，存在过错，才应承担侵权责任。本案中，小明不小心撞倒小涛，不存在故意及重大过失，因此，小涛不能要求小明承担损害赔偿责任。

……更多内容，请下载百姓法治宝典 APP 或民法通 APP 阅读

| 第二章 | 监护责任

 01 **"熊孩子"造成他人财产损失的，谁买单？**

无民事行为能力人、限制民事行为能力人造成他人损害的，由监护人承担侵权责任。监护人尽到监护职责的，可以减轻其侵权责任。

 02 **精神病人造成他人损害，由谁赔偿？**

有财产的无民事行为能力人、限制民事行为能力人造成他人损害的，从本人财产中支付赔偿费用；不足部分，由监护人赔偿。

 03 **委托他人监护孩子，孩子"惹祸"谁来买单？**

无民事行为能力人、限制民事行为能力人造成他人损害，监

护人将监护职责委托给他人的，监护人应当承担侵权责任；受托人有过错的，承担相应的责任。

 04　学生在学校受伤，学校是否应承担责任？

更多内容扫图检索

　　无民事行为能力人在幼儿园、学校或者其他教育机构学习、生活期间受到人身损害的，幼儿园、学校或者其他教育机构应当承担侵权责任；但是，能够证明尽到教育、管理职责的，不承担侵权责任。限制民事行为能力人在学校或者其他教育机构学习、生活期间受到人身损害，学校或者其他教育机构未尽到教育、管理职责的，应当承担侵权责任。

……更多内容，请下载百姓法治宝典APP或民法通APP阅读

|第三章| 劳动损害

 01　在执行工作任务时造成他人损害的，由谁赔偿？

　　用人单位的工作人员因执行工作任务造成他人损害的，由用人单位承担侵权责任。用人单位承担侵权责任后，可以向有故意或者重大过失的工作人员追偿。

更多内容扫图检索

02　劳务派遣期间，因执行工作任务造成他人损害的，应当由谁担责？

　　劳务派遣期间，被派遣的工作人员因执行工作任务造成他人损害的，由接受劳务派遣的用工单位承担侵权责任；劳务派遣单位有过错的，承担相应的责任。

 03　保姆在工作中受伤，雇主是否应承担责任？

　　个人之间形成劳务关系，提供劳务一方因劳务受到损害的，根据双方各自的过错承担相应的责任。提供劳务期间，因第三人的行为造成提供劳务一方损害的，提供劳务一方有权请求第三人承担侵权责任，也有权请求接受劳务一方给予补偿。接受劳务一方补偿后，可以向第三人追偿。

 04　雇佣的装修工人造成他人损害的，应当由谁承担责任？

　　个人之间形成劳务关系，提供劳务一方因劳务造成他人损害的，由接受劳务一方承担侵权责任。接受劳务一方承担侵权责任后，可以向有故意或者重大过失的提供劳务一方追偿。

更多内容扫图检索

 **以案释法**

 保姆干活摔伤，雇主担责吗？

> 杜某夫妻平日工作都很忙，于是雇佣保姆吴某，负责日常家务及照看父亲。某个周末，保姆在擦玻璃时，杜某一再叮嘱其注意人身安全，不要站到窗台上去，但保姆不听劝，还是站上窗台，边擦玻璃边与邻居聊天，结果自己不小心跌落摔伤。请问，保姆在工作中摔伤，杜某需要承担责任吗？

 案例点睛 ┄┄┄┄┄┄┄┄┄┄┄┄┄┄┄┄┄┄┄┄┄┄┄┄

　　个人之间形成劳务关系，提供劳务一方因劳务造成他人损害的，由接受劳务一方承担侵权责任。接受劳务一方承担侵权责任后，可以向有故意或者重大过失的提供劳务一方追偿。提供劳务一方因劳务受到损害的，根据双方各自的过错承担相应的责任。本案中，杜某与保姆之间成立个人劳务关系。保姆在提供劳务时，边擦玻璃边与别人聊天，作为雇主杜某一再提醒注意安全，但保姆不听劝，导致摔伤后果。那么，此时保姆摔伤是由自身过错所致，且杜某已经尽到提醒义务，因此，杜某不承担责任。

……更多内容，请下载百姓法治宝典 APP 或民法通 APP 阅读

|第四章| 网络侵权

 01　微博上擅自转载他人作品，是否要承担侵权责任？

网络用户、网络服务提供者利用网络侵害他人民事权益的，应当承担侵权责任。法律另有规定的，依照其规定。

我就在微博上转载别人的文章，不犯法吧。

更多内容扫图检索

 02　用户通过某网站侵犯他人权益，该网站要承担侵权责任吗？

网络用户利用网络服务实施侵权行为的，权利人有权通知网络服务提供者采取删除、屏蔽、断开链接等必要措施。通知应当包括构成侵权的初步证据及权利人的真实身份信息。网络服务提供者接到通知后，应当及时将该通知转送相关网络用户，并根据构成侵权的初步证据和服务类型采取必要措施；未及时采取必要措施的，对损害的扩大部分与该网络用户承担连带责任。权利人因错误通知造成网络用户或者网络服务提供者损害的，应当承担侵权责任。法律另有规定的，依照其规定。

……更多内容，请下载百姓法治宝典 APP 或民法通 APP 阅读

│第五章│ 消费维权

 01 使用有缺陷的产品时发生爆炸被炸伤，该找谁赔偿损失？

因产品存在缺陷造成他人损害的，被侵权人可以向产品的生产者请求赔偿，也可以向产品的销售者请求赔偿。产品缺陷由生产者造成的，销售者赔偿后，有权向生产者追偿。因销售者的过错使产品存在缺陷的，生产者赔偿后，有权向销售者追偿。

更多内容扫图检索

 02 产品进入市场后，发现有缺陷，应该怎么办？

产品投入流通后发现存在缺陷的，生产者、销售者应当及时采取停止销售、警示、召回等补救措施；未及时采取补救措施或者补救措施不力造成损害扩大的，对扩大的损害也应当承担侵权责任。

依据上述规定采取召回措施的，生产者、销售者应当负担被侵权人因此支出的必要费用。

 03 明知产品存在缺陷仍然生产、销售，造成消费者损害的，可否要求其承担惩罚性赔偿？

明知产品存在缺陷仍然生产、销售，或者没有依据民法典相关规定采取有效补救措施，造成他人死亡或者健康严重损害的，被侵权人有权请求相应的惩罚性赔偿。

04 **顾客住宾馆财物被盗，宾馆是否要承担责任?**

宾馆、商场、银行、车站、机场、体育场馆、娱乐场所等经营场所、公共场所的经营者、管理者或者群众性活动的组织者，未尽到安全保障义务，造成他人损害的，应当承担侵权责任。因第三人的行为造成他人损害的，由第三人承担侵权责任；经营者、管理者或者组织者未尽到安全保障义务的，承担相应的补充责任。经营者、管理者或者组织者承担补充责任后，可以向第三人追偿。

 **以案释法**

 超市买的牛奶变质，谁承担赔偿责任?

颜某在超市买了1盒牛奶，晚上喝后，开始拉肚子，医院诊断为急性肠胃炎，后输液才恢复健康。颜某找到超市，超市及时赔偿了颜某全部医药费。经查该批牛奶在运输过程中受了热，导致变质。对此超市能否要求运输公司承担赔偿责任?

更多内容扫图检索

案例点睛 -

因运输者、仓储者等第三人的过错使产品存在缺陷，造成他人损害的，产品的生产者、销售者赔偿后，有权向第三人追偿。与生产者、销售者相比较，运输者、仓储者应为第二顺序的赔偿义务主体，消费者不能直接向其请求赔偿，只有生产者、销售者在对消费者进行赔偿后，其可以再向这些人追偿。因此，本案中，超市在赔偿了颜某的损失后，可以向负有责任的运输公司进行追偿。

……更多内容，请下载百姓法治宝典 APP 或民法通 APP 阅读

|第六章| 交通出行

 01 借车给别人出了事故，车主需要承担责任吗？

因租赁、借用等情形机动车所有人、管理人与使用人不是同一人时，发生交通事故造成损害，属于该机动车一方责任的，由机动车使用人承担赔偿责任；机动车所有人、管理人对损害的发生有过错的，承担相应的赔偿责任。

更多内容扫图检索

02　未办理登记的机动车发生交通事故，责任该由谁来承担？

当事人之间已经以买卖或者其他方式转让并交付机动车但是未办理登记，发生交通事故造成损害，属于该机动车一方责任的，由受让人承担赔偿责任。

 03　买卖拼装车发生交通事故的，怎么办？

以买卖或者其他方式转让拼装或者已经达到报废标准的机动车，发生交通事故造成损害的，由转让人和受让人承担连带责任。

 04　车辆被盗后发生交通事故造成损害，应该由谁承担责任？

盗窃、抢劫或者抢夺的机动车发生交通事故造成损害的，由盗窃人、抢劫人或者抢夺人承担赔偿责任。盗窃人、抢劫人或者抢夺人与机动车使用人不是同一人，发生交通事故造成损害，属于该机动车一方责任的，由盗窃人、抢劫

更多内容扫图检索

人或者抢夺人与机动车使用人承担连带责任。保险人在机动车强制保险责任限额范围内垫付抢救费用的，有权向交通事故责任人追偿。

以案释法

公路晾晒稻谷引发车祸，谁承担责任？

碰！！

更多内容扫图检索

　　某日下午，谈某驾驶中型货车由东向西正常行驶在路上，此时许某也驾驶电动三轮车与谈某同向行驶。当时正值秋收，车辆前进方向最右侧的机动车道却被人晒满了稻谷。眼看车子将要行驶到铺满稻谷的路段，也许是出于避让的目的，许某驾驶电动三轮车突然改道向道路中间靠拢，谈某的货车一时避让不及，两车撞到了一起。许某当时就严重受伤，后经抢救无效死亡。经调查，交警部门认为，无法确认各方当事人的事故责任。其后，许某的继承人诉至法院，要求谈某、肇事车辆投保的保险公司、晒稻者张某、公路管理处承担赔偿责任，赔偿各项损失70万元。

　　在公路上晒稻谷的是村民张某。张某说，大家都在道路上晒稻谷，她不知道路上不能晾晒，自己已经在路上晾晒2天了，也没人让她不要晒。公路管理处则提出，张某在道路上晾晒稻谷的行为管理处并不知情，不应承担赔偿责任。最终，法院确认谈某承担50%的事故责任，张某承担20%的事故责任，公路管理处承担10%的事故责任，许某自行承担20%的事故责任。

案例点睛

　　民法典第 1256 条规定，在公共道路上堆放、倾倒、遗撒妨碍通行的物品造成他人损害的，由行为人承担侵权责任。公共道路管理人不能证明已经尽到清理、防护、警示等义务的，应当承担相应的责任。

　　公路管理处作为道路的管理部门，对道路负有清理、防护、警示义务，但在本案中，公路管理处未以任何形式对道路上禁止打谷晒场进行宣传，没有尽到合理的注意义务，且张某在道路上晾晒稻谷至事故发生时已有 2 天，公路管理处既未对该行为进行制止，也未对晾晒稻谷进行清理，应当对赔偿承担相应的责任。

 免费搭车发生交通事故，车主是否应承担责任？

更多内容扫图检索

　　胡某与孙某系同事。春节期间，胡某免费搭乘孙某驾驶的车辆回家过年。因长时间驾驶，过度疲劳，导致车辆在行驶过程中发生侧翻，造成胡某重伤。事故发生后，胡某的家人找到孙某，要求孙某赔偿，但孙某称，胡某系搭乘其顺路车辆，自己并未收其坐车费，因此自己不应承担赔偿责任。

案例点睛 ▷▷▷▷▷▷▷▷▷▷▷▷▷▷▷▷▷▷▷▷▷

　　非营运机动车发生交通事故造成无偿搭乘人损害，属于该机动车一方责任的，应当减轻其赔偿责任，但是机动车使用人有故意或者重大过失的除外。本案中，孙某驾驶的车辆在行驶过程中发生侧翻，孙某具有过错，应在其过错范围内承担损害赔偿责任。但是，由于胡某系免费搭乘，可适当减轻孙某的责任。

······更多内容，请下载百姓法治宝典 APP 或民法通 APP 阅读

| 第七章 | 医疗纠纷

 01　医务人员未尽到告知义务，造成患者损害的，医院是否应当承担赔偿责任？

　　医务人员在诊疗活动中应当向患者说明病情和医疗措施。需要实施手术、特殊检查、特殊治疗的，医务人员应当及时向患者具体说明医疗风险、替代医疗方案等情况，并取得其明确同意；不能或者不宜向患者说明的，应当向患者的近亲属说明，并取得其明确同意。

更多内容扫图检索

　　医务人员未尽到上述义务，造成患者损害的，医疗机构应当承担赔偿责任。

02　医院在抢救生命垂危患者时，不能取得患者或其家属意见的，手术能进行吗？

　　因抢救生命垂危的患者等紧急情况，不能取得患者或者其近亲属意见的，经医疗机构负责人或者授权的负责人批准，可以立即实施相应的医疗措施。

 03　医院拒绝提供病人的病历资料，是否可以推定医疗机构有过错？

　　患者在诊疗活动中受到损害，医疗机构或者其医务人员有过错的，由医疗机构承担赔偿责任。

　　患者在诊疗活动中受到损害，有下列情形之一的，推定医疗机构有过错：

　　（1）违反法律、行政法规、规章以及其他有关诊疗规范的规定；

　　（2）隐匿或者拒绝提供与纠纷有关的病历资料；

　　（3）遗失、伪造、篡改或者违法销毁病历资料。

 04　患者因医疗用品缺陷造成损害的，找谁赔偿？

　　因药品、消毒产品、医疗器械的缺陷，或者输入不合格的血液造成患者损害的，患者可以向药品上市许可持有人、生产者、血液提供机构请求赔偿，也可以向医疗机构请求赔偿。患者向医疗机构请求赔偿的，

更多内容扫图检索

医疗机构赔偿后，有权向负有责任的药品上市许可持有人、生产者、血液提供机构追偿。

 05 患者因不配合医疗机构进行必要诊疗受到损害的，医疗机构还要承担责任吗？

患者在诊疗活动中受到损害，有下列情形之一的，医疗机构不承担赔偿责任：

（1）患者或者其近亲属不配合医疗机构进行符合诊疗规范的诊疗；

（2）医务人员在抢救生命垂危的患者等紧急情况下已经尽到合理诊疗义务；

更多内容扫图检索

（3）限于当时的医疗水平难以诊疗。

上述情形中，医疗机构或者其医务人员也有过错的，应当承担相应的赔偿责任。

 06 医院泄露患者的个人信息，是否应当承担侵权责任？

医疗机构及其医务人员应当对患者的隐私和个人信息保密。泄露患者的隐私和个人信息，或者未经患者同意公开其病历资料的，应当承担侵权责任。

……更多内容，请下载百姓法治宝典 APP 或民法通 APP 阅读

|第八章| 生态保护

 01 某工厂因污染环境致人损害发生纠纷，该工厂应承担哪些举证责任？

因污染环境、破坏生态发生纠纷，行为人应当就法律规定的不承担责任或者减轻责任的情形及其行为与损害之间不存在因果关系承担举证责任。

更多内容扫图检索

 02 多个工厂共同排污造成损害的，责任如何划分？

2 个以上侵权人污染环境、破坏生态的，承担责任的大小，根据污染物的种类、浓度、排放量，破坏生态的方式、范围、程度，以及行为对损害后果所起的作用等因素确定。

……更多内容，请下载百姓法治宝典 APP 或民法通 APP 阅读

|第九章| 高度危险

 01 民用核设施发生核事故致人损害的，应该由谁承担责任？

民用核设施或者运入运出核设施的核材料发生核事故造成他

人损害的，民用核设施的营运单位应当承担侵权责任；但是，能够证明损害是因战争、武装冲突、暴乱等情形或者受害人故意造成的，不承担责任。

 02   民航飞机致人损害的，应该由谁承担责任？

　　民用航空器造成他人损害的，民用航空器的经营者应当承担侵权责任；但是，能够证明损害是因受害人故意造成的，不承担责任。

更多内容扫图检索

 03   城际高铁撞死人，应当由谁承担责任？

　　从事高空、高压、地下挖掘活动或者使用高速轨道运输工具造成他人损害的，经营者应当承担侵权责任；但是，能够证明损害是因受害人故意或者不可抗力造成的，不承担责任。被侵权人对损害的发生有重大过失的，可以减轻经营者的责任。

以案释法

保管的烟花爆炸，谁担责？

某烟花爆竹厂因仓库需要维修，遂将库存的烟花爆竹交给某炼钢厂保管。在炼钢厂保管期间，工作人员擅自将烟花爆竹残次品丢弃至路边后发生爆炸，将崔某炸伤。请问，谁应对崔某的损害承担赔偿责任？

更多内容扫图检索

　案例点睛

　　遗失、抛弃高度危险物造成他人损害的，由所有人承担侵权责任。所有人将高度危险物交由他人管理的，由管理人承担侵权责任；所有人有过错的，与管理人承担连带责任。本案中，炼钢厂作为烟花爆竹的管理人，在其保管期间，丢弃的烟花爆竹发生爆炸导致崔某受伤，炼钢厂应承担赔偿责任；如果烟花爆竹厂对烟花爆竹产生爆炸存在过错，则炼钢厂和烟花爆竹厂承担连带责任。

……更多内容，请下载百姓法治宝典 APP 或民法通 APP 阅读

|第十章| 宠物伤人

 01　饲养的宠物伤人，饲养人或者管理人是否要承担责任？

饲养的动物造成他人损害的，动物饲养人或者管理人应当承担侵权责任；但是，能够证明损害是因被侵权人故意或者重大过失造成的，可以不承担或者减轻责任。

更多内容扫图检索

 02　动物园的狮子咬死游客，动物园是否要承担责任？

动物园的动物造成他人损害的，动物园应当承担侵权责任；但是，能够证明尽到管理职责的，不承担侵权责任。

 03　遗弃的宠物伤人，其原主人承担责任吗？

遗弃、逃逸的动物在遗弃、逃逸期间造成他人损害的，由动物原饲养人或者管理人承担侵权责任。

 04　因第三人的过错致使动物造成他人损害的，由谁来承担责任？

因第三人的过错致使动物造成他人损害的，被侵权人可以向动物饲养人或者管理人请求赔偿，也可以向第三人请求赔偿。动物饲养人或者管理人赔偿后，有权向第三人追偿。

以案释法

藏獒咬人，主人一定担责吗？

王某是某市的一名空调维修员，依约到崔某家维修空调，看到崔某家院子角落拴着的一条藏獒一直冲他叫，便用石头扔它，结果不慎被藏獒咬伤。随后，崔某将王某送往医院进行伤口缝合、注射狂犬疫苗，并垫付了医药费。后王某要求崔某赔偿各项经济损失。崔某以其所养藏獒系在家管养、其已经支付医药费、王某用石头扔藏獒具有过错为由，拒不赔偿。双方协商未果，诉至法院。

更多内容扫图检索

案例点睛

禁止饲养的烈性犬等危险动物造成他人损害的，动物饲养人或者管理人应当承担侵权责任。本案中，崔某饲养的藏獒属于禁止饲养的烈性犬。王某到崔某家维修空调，被院内藏獒咬伤，崔某依法应承担侵权责任。

……更多内容，请下载百姓法治宝典APP或民法通APP阅读

|第十一章| 高空坠物

 01　建筑物倒塌造成他人损害，应该由谁承担责任？

建筑物、构筑物或者其他设施倒塌、塌陷造成他人损害的，由建设单位与施工单位承担连带责任，但是建设单位与施工单位能够证明不存在质量缺陷的除外。建设单位、施工单位赔偿后，有其他责任人的，有权向其他责任人追偿。

更多内容扫图检索

因所有人、管理人、使用人或者第三人的原因，建筑物、构筑物或者其他设施倒塌、塌陷造成他人损害的，由所有人、管理人、使用人或者第三人承担侵权责任。

 02　被路边的广告牌砸伤，该找谁赔偿？

建筑物、构筑物或者其他设施及其搁置物、悬挂物发生脱落、坠落造成他人损害，所有人、管理人或者使用人不能证明自己没有过错的，应当承担侵权责任。所有人、管理人或者使用人赔偿后，有其他责任人的，有权向其他责任人追偿。

 03　遭遇高空坠物被砸伤，该找谁索赔？

禁止从建筑物中抛掷物品。从建筑物中抛掷物品或者从建筑物上坠落的物品造成他人损害的，由侵权人依法承担侵权责任；经调查难以确定具体侵权人的，除能够证明自己不是侵权人的外，由可能加害的建筑物使用人给予补偿。可能加害的建筑物使用人补偿后，有权向侵权人追偿。

物业服务企业等建筑物管理人应当采取必要的安全保障措施防止上述规定情形的发生；未采取必要的安全保障措施的，应当依法承担未履行安全保障义务的侵权责任。

发生上述规定的情形的，公安等机关应当依法及时调查，查清责任人。

 以案释法

 坠落花盆伤人，该找谁赔偿？

某日清晨，蒋某路过某大厦B座，被从楼上坠落的塑料花盆砸中，顿时血流满面，住院近4个月，花费数万元。后经诊断，蒋某属七级伤残。经事后调查取证，无法确定花盆是从谁家坠落的。蒋某遂将该大厦B座的57家住户起诉到法院，要求赔偿相关费用。

更多内容扫图检索

经审理，57家住户中，除了7家能证明自己因安装了防护网等原因排除嫌疑外，另外50家住

户不能排除花盆从自家坠落的可能性。后经法院判决，由 50家住户分担赔偿责任，每户承担2000元。

 案例点睛

民法典中规定，禁止从建筑物中抛掷物品。从建筑物中抛掷物品或者从建筑物上坠落的物品造成他人损害的，由侵权人依法承担侵权责任；经调查难以确定具体侵权人的，除能够证明自己不是侵权人的外，由可能加害的建筑物使用人给予补偿。可能加害的建筑物使用人补偿后，有权向侵权人追偿。物业服务企业等建筑物管理人应当采取必要的安全保障措施防止前款规定情形的发生；未采取必要的安全保障措施的，应当依法承担未履行安全保障义务的侵权责任。

本案中，花盆从楼上坠落伤人，这和住户不注意安全有必然联系，是住户自身错误造成的，理应赔偿。由于在调查取证后无法确定侵权人，同时，50家住户均未提出有力证据，无法证实自己与坠落的花盆没有必然联系，按过错推定原则，他们应该对蒋某进行补偿。如果物业方没有采取必要的安全保障措施，也应当承担侵权责任。

……更多内容，请下载百姓法治宝典APP或民法通APP阅读

| 第十二章 | **行人受伤**

 01　被公共道路上堆放的物品砸伤，应当由谁承担责任？

　　在公共道路上堆放、倾倒、遗撒妨碍通行的物品造成他人损害的，由行为人承担侵权责任。公共道路管理人不能证明已经尽到清理、防护、警示等义务的，应当承担相应的责任。

 02　树木突然折断砸伤行人，该责任由谁来承担？

　　因林木折断、倾倒或者果实坠落等造成他人损害，林木的所有人或者管理人不能证明自己没有过错的，应当承担侵权责任。

 03　路人掉进修路挖的坑里摔伤，怎么办？

　　在公共场所或者道路上挖掘、修缮安装地下设施等造成他人损害，施工人不能证明已经设置明显标志和采取安全措施的，应当承担侵权责任。

更多内容扫图检索

 04　行人掉进窨井导致重伤，由谁承担责任？

　　窨井等地下设施造成他人损害，管理人不能证明尽到管理职责的，应当承担侵权责任。

 快递员蹭伤路人，谁担责？

　　沈某系某快递公司的员工。某日，沈某驾驶机动车在送快递的过程中不慎剐蹭到人行道上行走的周某，致其受伤。周某住院治疗花去医药费数万元。交警认定沈某全责。周某找沈某赔偿其

更多内容扫图检索

医药费，但沈某一直关机联系不上，周某该怎么办？

 案例点睛

　　用人单位的工作人员因执行工作任务造成他人损害的，由用人单位承担侵权责任。用人单位承担侵权责任后，可以向有故意或者重大过失的工作人员追偿。本案中，沈某系某快递公司的员工，在送快递（执行职务）过程中造成周某受伤，依法应由某快递公司（即用人单位）承担侵权损害赔偿责任。因此，周某可以要求快递公司赔偿。快递公司赔偿后，可以向沈某追偿。

　　……更多内容，请下载百姓法治宝典 APP 或民法通 APP 阅读